Du même auteur :

Land of the Sherpas, Londres, Hodder and Stoughton, 1955.

Parmi la jeunesse russe. De Moscou au Caucase, Lausanne, Éditions 24 heures, 1989 ; rééd. Paris, Payot, 1995.

La Voie cruelle, Paris, Payot, 1989 ; rééd. PBP/Voyageurs, 1991.

Des monts célestes aux sables rouges, Paris, Payot, 1990 ; rééd. PBP/Voyageurs, 1991.

Oasis interdites, Paris, Payot, 1990.

La Vagabonde des mers, Paris, Payot, 1991 ; rééd. PBP/Voyageurs, 1992.

La Vie immédiate (album : photographies d'Ella Maillart, textes de Nicolas Bouvier), Paris, Payot, 1991.

Ti-Puss, Paris, Payot, 1992.

Petite Bibliothèque Payot / Voyageurs 247

Ella Maillart

Croisières et caravanes

Traduit de l'anglais
par Gabrielle Rives

Titre original :

CRUISES AND CARAVANS
(Londres, Travel Book Club)

La présente édition reprend la traduction du Seuil (1951), exception faite d'une partie des noms propres, dont l'orthographe a été revue et unifiée.

L'ÉDITEUR

Carte exécutée par Études et cartographie, à Lille.

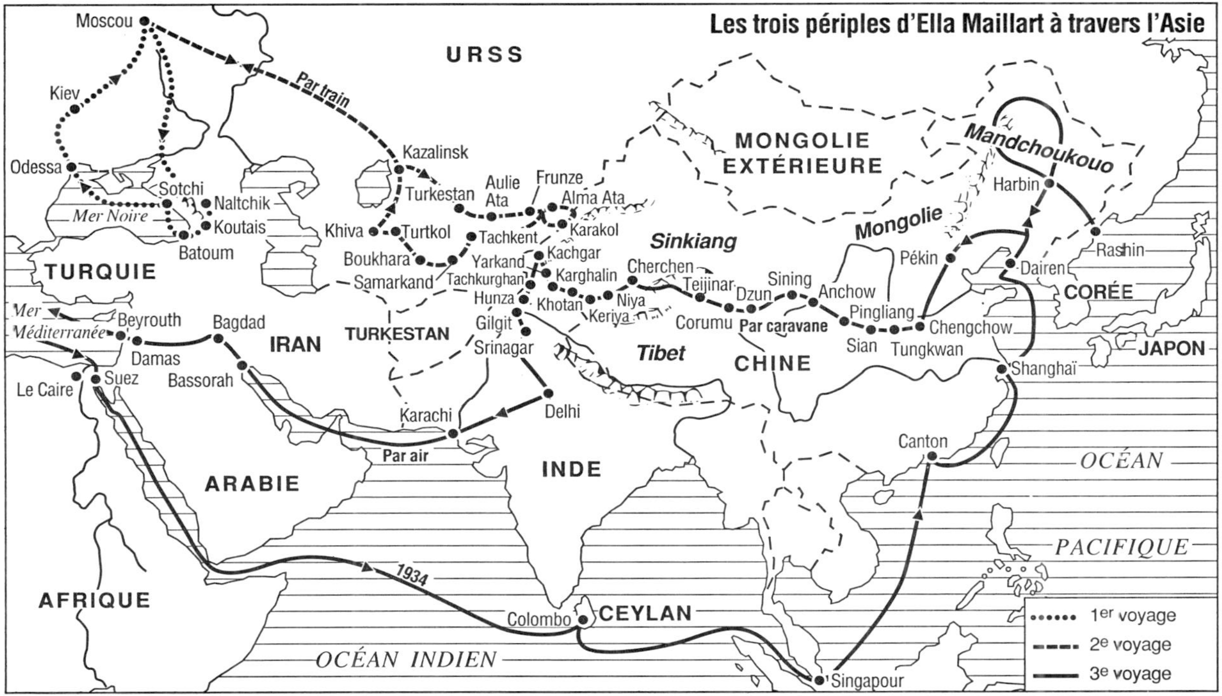
Les trois périples d'Ella Maillart à travers l'Asie
URSS
MONGOLIE EXTÉRIEURE
Mandchoukouo
Mongolie
Sinkiang
Tibet
CHINE
INDE
IRAN
TURKESTAN
TURQUIE
ARABIE
AFRIQUE
CEYLAN
CORÉE
JAPON
OCÉAN PACIFIQUE
OCÉAN INDIEN
Mer Noire
Mer Méditerranée
Par train
Par caravane
Par air
1934
Moscou
Kiev
Odessa
Sotchi
Naltchik
Koutais
Batoum
Kazalinsk
Turkestan
Aulie Ata
Frunze
Alma Ata
Karakol
Khiva
Turtkol
Tachkent
Boukhara
Samarkand
Yarkand
Tachkurghan
Kachgar
Karghalin
Hunza
Khotan
Keriya
Niya
Cherchen
Teijinar
Dzun
Sining
Anchow
Corumu
Pingliang
Sian
Tungkwan
Chengchow
Pékin
Harbin
Rashin
Dairen
Shanghaï
Canton
Singapour
Colombo
Gilgit
Srinagar
Delhi
Karachi
Beyrouth
Damas
Bagdad
Bassorah
Suez
Le Caire
1er voyage
2e voyage
3e voyage

Chapitre premier

Comment j'ai débuté

Quand une moitié de notre vie est écoulée, il est facile d'en faire un récit logique — et artificiel. Je pourrais, pour ma part, choisir parmi mes souvenirs d'enfance, tous liés au lac de Genève et aux Alpes, ceux qui expliqueraient ma destinée. Mais ce genre de biographie, où les héros savent si bien à l'avance quelle sera l'orientation de leur vie, ne donne jamais l'impression de la vérité.

Dans la réalité, les choses n'obéissent pas à une telle logique : on se dirige à tâtons, comme des aveugles, vers l'inconnu et on sent son énergie minée par la torture de l'indécision. Il n'y a qu'un petit nombre d'hommes qui ont su, dès leur enfance, ce qu'ils souhaitaient devenir : poète, soldat, sculpteur, médecin, musicien, explorateur. Malgré les combats et les souffrances qu'ils ont probablement traversés pour atteindre au but, je les ai toujours enviés ; ils n'ont pas connu les angoisses de l'hésitation.

Dans mes rêves d'enfant, je ne me voyais pas du tout devenir navigateur, voyageur ou écrivain. Je n'ai jamais, en ouvrant l'atlas, posé mon doigt sur l'Asie centrale et affirmé : « C'est là que j'irai un jour. » Fillette semblable à beaucoup d'autres, j'allais tous les jours en classe et j'abrégeais autant que possible le temps consacré aux devoirs et aux leçons, afin d'en avoir davantage pour la lecture de livres d'aventures. Mon frère Albert, de six ans mon aîné, était d'âge trop différent du mien pour partager mes jeux ; mais j'héritais des histoires de Peaux-Rouges et des livres de Jules Verne qu'il mettait au rencard. Quelquefois, il m'admettait dans sa chambre pendant qu'il triait, avec de minuscules pinces, les timbres de son importante collection.

En dehors de cela, je menais ma petite vie assez à l'écart. Quand j'apparaissais au salon, c'était toujours sous l'aspect d'une enfant maussade. Rien ne m'exaspérait plus que de « venir dire bonjour » aux grandes personnes, qui parfois me pinçaient la joue, ou même (horreur !) m'embrassaient.

De mon enfance, je me rappelle peu de choses : j'ai eu toutes sortes de maladies, il y avait beaucoup de bonnes choses qu'il ne m'était pas permis de manger et je vivais en pensée avec le héros de chaque livre que je lisais. Toujours somnolente le matin, le soir je ne pouvais m'endormir ; je restais couchée des heures durant, un doigt s'enfonçant d'un mouvement nerveux dans un trou du mur, occupée par la crainte des cauchemars qui m'attendaient.

Je venais d'avoir dix ans, quand survint un important changement. C'est à dater de cette époque que je sens ma personnalité actuelle se rattacher à la petite fille de jadis. Jusqu'alors, j'avais passé des vacances insignifiantes avec des cousins de Berne ou de Zurich. Mais alors, mon père décida de louer une petite maison au bord du lac, à sept kilomètres de Genève. Un dimanche de printemps, nous allâmes visiter l'endroit, le Creux de Genthod. Une courbe de la côte forme là une baie abritée du vent du Nord. A la limite des terres, se trouvait une vieille maison grise (qui avait été autrefois un poste de gardes-côtes) dont la porte s'ouvrait sur une grève ombragée par des saules et des peupliers. Une eau claire clapotait sur des cailloux polis, et tout en faisant des ricochets, je priais le ciel de faire nôtre cette maison. Relié au lac par un étroit passage dans le mur, il y avait un étang idéal, où se trouvaient des cygnes et des roseaux et où les capucines d'eau étalaient leurs feuilles glauques.

Le Creux comprenait deux chalets près d'une auberge en plein air où les promeneurs du dimanche s'installaient à l'ombre des marronniers. Derrière l'auberge, il y avait une maison de maîtres et des bâtiments de ferme, entourés d'un parc. Sur la rive, le père Gaillard était en train de repeindre l'un des canots à rames dont il faisait la location.

Tout de suite, je me pris à aimer ces lieux : calme, isolement, beauté... Une vie s'en dégageait qui leur était propre. Ici, c'était l'eau qui régnait. Genève, à l'extrémité du lac, se réduisait à une ligne grise et les Alpes de Savoie avec le mont Blanc semblaient n'être là que pour former un cadre à la vaste étendue liquide.

Depuis cette époque, nous avons toujours passé cinq mois de l'année au Creux. Pendant les mois de mai, juin et septembre, nous nous rendions à l'école par le train comme les autres enfants qui habitaient la côte. En juillet et août, nous vivions en liberté dans notre paradis. Pour l'hiver, nous retournions en ville, dans notre appartement.

C'est par ma vie au Creux que j'ai appris à bien connaître les bateaux. Et c'est là que je fis la connaissance de Miette. Comme notre amitié a déterminé l'orientation de ma vie, il faut que je parle de ces années de jeunesse.

Les premiers temps, je n'eus pas la permission d'aller en bateau sur le lac. Je jouais sur la plage ou bien j'escaladais les rochers qui forment la digue naturelle derrière laquelle s'abrite le Creux. Avec une canne à pêche, j'attrapais de petites perches tigrées. J'appris à nager avec une ceinture de liège qui me sciait les côtes. Je capturais des têtards dans l'étang poétique qui, pour longtemps, allait être mon univers et je me faisais force égratignures en grimpant aux arbres. J'étais souvent dans le parc voisin de notre propre jardin, à faire les foins ou à garder les vaches avec les gens de la ferme. La grande maison appartenait à l'une des plus anciennes familles de Genève, mais le père de Miette l'avait alors louée et habitait une ferme située au-delà du pressoir à cidre et de l'orangerie.

Miette était toujours vêtue d'une blouse de forme marin et d'une jupe plissée en coutil rayé. Des cheveux courts de couleur châtain avec une mèche plus claire devant, de rayonnants yeux gris, un franc et fin sourire : il y avait une lumière sur son visage. Plus tard, en lisant Homère, je voyais Pallas Athéné sous des traits semblables à ceux de Miette. Elle avait été nommée Hermine parce que son père, très distrait, au moment de l'inscrire sur le registre de l'état civil, avait oublié le nom choisi et que ce fut le seul qui lui vint à l'esprit. Sa gouvernante l'avait surnommée « Mademoiselle c'est injuste ». Déjà elle entreprenait de redresser les torts.

Miette et moi, nous passions des heures sur le long débarcadère placé au milieu de la grève commune.

C'était là que nous prenions part aux régates

organisées par les garçons du voisinage. Du bout de cette jetée, nombre de fois nous recommencions à faire voguer vers la rive nos petits modèles. Dans l'excitation des paris, nous poussions des cris, nous suivions leurs trajets et, quand ils avaient atteint le bord, nous allions les reprendre pour mieux établir leurs voiles. Au loin, on voyait glisser de véritables yachts — le *Calypso* vert, le *Briséis* blanc, le *Canari* jaune, le très vieux *Tanit* et l'*Épervier* hautain, avec ses voiles majestueuses et de petites silhouettes qui s'agitaient sur le pont.

Le *Canari* venait s'amarrer à un corps-mort dans la baie et quelquefois, au crépuscule, son matelot Riri nous prenait à son bord où il bâchait les voiles. Quel intense plaisir nous prenions à toucher de nos mains de véritables haubans, une véritable barre !

Lorsqu'en grandissant, nous fûmes devenues de bonnes nageuses, on nous permit d'aller sur l'étang en bateau à rames. Et le temps nous parut bien long jusqu'à l'étape suivante, qui fut de pouvoir parcourir le Creux dans une de ces liquettes très stables, à fond plat, dont on se sert pour poser des nasses. Dressant le plancher verticalement et filant vent arrière, la baie représentait pour nous la Méditerranée ; le promontoire que formait l'empierrement était la botte Italienne ; nous faisions régulièrement escale à Marseille — notre petite plage — et d'un trait nous nous élancions en remontant le Rhône jusque dans le lac de Genève, c'est-à-dire par la brèche du mur, dans notre étang abrité.

De grands jours s'annonçaient ! Le père de Miette lui apprit la manœuvre de son canot gréé en chasse-marée et à son tour elle me l'enseigna. C'était pour moi une aubaine, car mon frère ne se souciait aucunement de prendre sur son yacht une gamine de mon âge. Il appartenait à l'équipage d'un huit mètres cinquante de course, et nos repas du soir étaient animés par nos discussions sur les chances des compétiteurs. Une fois par an, le Yacht Club organisait une croisière d'une semaine autour du lac, et Albert y participait toujours. J'étais toute parcourue d'un frémissement d'envie lorsque je le voyais quitter notre plage, dans son youyou regorgeant de provisions. Il mettait le cap sur le Haut-Lac, bien loin, au-delà de la pointe brumeuse d'Yvoire, là où il a quinze kilomètres de largeur, où la navigation est dangereuse, où le pied des montagnes plonge à pic dans les eaux sombres, où deux de ses amis s'étaient noyés. Mais je n'étais pas encore autorisée à m'éloigner assez dans mon bateau pour perdre de vue la maison ; il fallait que l'appel de la cloche pour les repas pût atteindre mes oreilles. Quelle joie j'aurais senti monter en moi si l'on m'avait prédit alors les nombreuses croisières que nous devions plus tard mener à bien, Miette et moi !

Pendant ces étés, il arriva beaucoup de choses qui me parurent alors toutes naturelles ; mais je vois bien maintenant qu'une bonne fée devait veiller sur moi. Un ami de mon frère, appelé pour son service militaire, me demanda de m'occuper de son sloop d'une tonne, le *Poodle*, qui était blanc avec un pont vert. Il avait un gui à rouleau, et avec la quille dont il était pourvu, il ne pouvait chavirer. Dès lors nous eûmes la permission de naviguer sur toute la largeur du lac au lieu de rester toujours à tirer des bordées en vue de nos peupliers.

Nous étions à bord du *Poodle* tout le long du jour. Quelle fierté de louvoyer, Miette faisant la manœuvre sur le pont pendant que j'étais à la barre et que le gouvernail fermement tenu frémissait au travers de la masse liquide ! Quelle sensation de puissance on éprouve à commander de deux doigts posés sur la barre une tonne de bois et de plomb lancée contre l'eau et le vent ! A bavarder avec les matelots des yachts voisins, tout en les aidant, nous avions quelque peu appris la manœuvre des bateaux et nous mettions maintenant notre savoir en pratique.

Tous les ans, au mois de septembre, Miette regagnait Paris et de longs mois s'écoulaient avant qu'elle reparût, sifflant pour m'appeler, venant à travers le parc de sa démarche égale, sa voile ferlée sur l'épaule.

Au cours des années suivantes, j'eus la charge du *Gipsy* qui appartenait à un oncle de Miette. Étant à l'étranger et dans l'impossibilité de s'en servir, il craignait qu'il ne se détériorât à rester inactif : ce fut une aubaine tombée du ciel ! Le *Gipsy* appartenait au type le plus populaire des yachts de course, le six mètres cinquante ; aussi pouvions-nous désormais prendre part à toutes les régates. Il n'y avait jamais moins de douze bateaux au départ, et un certain dimanche où j'arrivai première, je pus compter trente-six concurrents et parmi eux l'*As de Pique* qui appartenait à mon frère.

Le mauvais temps vient si soudainement sur le lac qu'il faut constamment être sur le qui-vive à surveiller le sommet des arbres à terre ou bien, plus loin, l'angle fait par la fumée des bateaux à vapeur qui viennent du Haut-Lac. Nous savions qu'au premier accident, qu'il y eût échouage ou abordage, ou que le bateau fût démâté, ce serait la fin de notre navigation, car nos familles perdraient confiance dans notre habileté. Aussi de tous les équipages navigants étions-nous probablement le plus prudent.

Comme le lac a plus de quatre-vingts kilomètres de long, la « bise noire » qui souffle du nord soulève des vagues énormes, on embarque beaucoup et on court aussi le danger de manquer à virer. Nous apprîmes à prendre un ris pendant un grain violent, à trouver un ancrage de nuit dans des ports inconnus, à nous fier à l'avis des pêcheurs et à porter la responsabilité de nos décisions. Il est souvent difficile de prendre un parti, et ce n'est qu'après bien des erreurs qu'on arrive à savoir quels risques on osera courir. J'étais si souvent agitée par la perspective d'accidents possibles qu'il m'est arrivé plus d'une fois de souhaiter que les régates soient renvoyées !

Mais un combat entre le vent et l'eau, quelle belle chose ! Les minutes semblent être des heures et le port définitivement hors d'atteinte. Les écoutes et les drisses tendues sont aussi raides que des barres de fer, des rafales menaçantes sifflent à vos oreilles assourdies, les mains trempées sont paralysées et engourdies, l'eau monte dans la cale en dépit du pompage ininterrompu et l'on n'ose pas céder à la frayeur, par peur de la peur !

Le soir dans mon lit, je me réveillais quand le vent du Sud soufflait droit dans le Creux que rien n'abritait ; il dominait le bruit des vagues qui se brisaient sur notre mur et je m'attendais à chaque instant à entendre des appels venus de yachts arrachés à leurs corps-morts.

Encore très jeune, je fus témoin d'accidents qui me montrèrent combien facilement les choses peuvent mal tourner. Je barrais une fois le bateau de mon frère dans une régate de dames ;

nous louvoyions à travers les courtes vagues grises d'une violente tempête. Perchée sur le vent de notre yacht (le pont sous le vent était engagé jusqu'à l'hiloire), j'arrivais à peine de mes deux bras à tenir la barre, et pendant un moment, pensant que le chemin était libre, j'oubliai de regarder sous la grand-voile. Tout à coup il y eut un craquement, l'étai se cassa net, le mât se pencha lentement vers moi et se brisa, la voile tomba à l'eau et une concurrente nous dépassa tribord-amures[1]. Tandis qu'impuissants, nous étions ballottés de droite et de gauche, incapables de naviguer, Albert s'exclamait avec des larmes dans la voix : « Kini, qu'est-ce que tu m'as fait ! »

Une autre fois, un de nos meilleurs yachtsmen m'enseignait à gouverner par mauvais temps. Le bateau refusa de virer de bord au bon moment, nous dérivâmes vers la rive et notre quille martela les rochers jusqu'à ce qu'un bateau à rames prît notre ancre pour aller la mouiller en eau profonde.

Le troisième accident fut un drame. Mon frère appartenait à l'équipage de la *Melita*. Par une forte brise celle-ci suivait de si près le rival qui la précédait que son étai se prit dans la ferrure de gui de ce bateau. Avec toute la force

1. Le voilier tribord-amures (qui reçoit le vent de la droite) a la priorité de passage. *(N.d.A.)*

de sa vitesse, le premier yacht tira tellement sur l'étai de la *Melita* que son gui, après avoir suivi cet étai sur toute sa longueur, aboutit au sommet du mât de la *Melita*. Agissant comme un levier le mât força la *Melita* à se coucher : elle se remplit d'eau et sombra en quelques secondes. Comme son matelot qui venait de manger ne semblait pas être en état de nager, Albert plongea à une grande profondeur pour tenter de le sauver, mais ne put que frôler une main qui s'enfonçait pour toujours au fond du lac.

Un yacht de course doit être tiré à sec au moins une fois au milieu de l'été. Comme il y avait une cale non loin de chez nous, le *Gipsy* y fut hissé. On gratta ses flancs et on les passa au papier de verre avec grand soin avant de recouvrir l'acajou nu de trois couches de vernis. La quille fut passée au graphite : on obtient ainsi une surface tellement polie que le moindre souffle d'air met le bateau en mouvement. Après cette semaine de rude travail, je me sentais l'égale des matelots professionnels dont les muscles et le savoir-faire m'inspiraient une profonde admiration. C'était aussi une préparation au travail que j'allais faire par la suite sur la *Perlette* et l'*Atalante*.

Ma bonne fée n'était certainement pas loin de moi quand je fus choisie pour représenter la Suisse aux jeux Olympiques de Paris. Pour les régates de solitaires, c'est sur la Seine que les courses devaient avoir lieu. Les concurrents n'étaient pas autorisés à engager des professionnels ; il leur fallait peindre la coque, enverguer les voiles et établir le gréement eux-mêmes.

Malgré mes succès sur le *Gipsy*, il y avait en Suisse des barreurs meilleurs que moi. Peut-être n'avaient-ils pas de temps disponible ou ne se souciaient-ils pas de naviguer dans les conditions imposées : toujours est-il qu'ils ne s'étaient pas mis à la disposition des autorités compétentes.

A Meulan, j'étais la seule femme et la plus jeune parmi les délégués de dix-sept nations, ce qui fut un bon prétexte pour le barreur anglais Gordon Fowler, de Bembridge, de s'instituer mon gardien. Un Norvégien, qui était architecte naval, devint mon meilleur ami, sans toutefois que nous puissions échanger un mot, faute d'un langage commun. Il y avait un jeune Hollandais de mon âge qui était conseillé par son père ; du rivage celui-ci commandait tous ses mouvements ! La France et la Belgique avaient délégué des barreurs exercés, spécialisés dans les courses en rivière.

La plupart d'entre nous, habitués à naviguer en eau libre, ne pouvaient s'adapter à cette navigation de rivière. La brise soufflait de partout ou bien cessait un moment pour reprendre en rafales l'instant suivant (le Danemark chavira). Au milieu du fleuve, où le vent était moins capricieux, le courant était trop fort et on ne s'y risquait pas. Des trains de péniches nous empêchaient de faire loffer nos concurrents. Des calmes subits nous faisaient dériver les uns sur les autres ; il se formait des rassemblements où nos coques se touchaient, ce qui aurait dû disqualifier tout le monde.

Naviguer ne m'avait jamais autant fatiguée ; non seulement il fallait manier la barre, la grand-voile, le foc, la bastaque et le spinnaker (utilisé au vent arrière) mais il fallait jeter l'ancre lorsqu'on louvoyait contre un courant plus fort que le vent.

Après dix jours d'entraînement et deux jours de course, je fus éliminée dans les demi-finales. Et ainsi je n'eus que le neuvième rang dans le classement général, alors que le Belge arriva premier. Ne pas participer aux finales me fut très dur : si seulement la forte brise dont mon pesant bateau avait besoin s'était élevée au bon moment, si seulement j'avais hissé mon spinnaker plus tôt, si seulement, au lieu de me montrer conciliante, j'avais abordé et fait disqualifier ce rébarbatif Finnois quand j'étais dans mon droit en le faisant... cela m'aurait donné le point que j'avais perdu ! Bien au contraire, ce même Finnois avait raconté qu'en dérivant j'avais effleuré une marque de parcours. Je n'en avais pas fait part au comité, parce que malgré nous-mêmes nous avions presque tous été coupables de cette faute. Mais j'aurais dû me faire un point d'honneur de déclarer la faute commise : c'était le geste à faire — et j'avais maintenant tout le temps de m'en repentir.

Ma présence à Meulan me parut alors sans raison, puisque mon but m'échappait, et je me sentis tout à coup très seule.

Ces joyeux étés étaient de courte durée et pendant les longs hivers je manquais d'exercice au grand air. Mon organisme éprouvait instinctivement le besoin de se fortifier ; j'avais à surmonter les déficiences qui résultaient de mon enfance délicate.

On ne pouvait jouer au tennis que sur des courts couverts où je prenais toujours froid — et puis c'était un sport coûteux. Mais mon cousin Edmond faisait partie d'un club de hockey sur gazon où il s'amusait beaucoup. Ce jeu me permit de courir en liberté, en particulier à l'aile droite où je m'entraînais pendant quelque temps. Mais la rudesse des garçons me déplaisait, ainsi que le mauvais terrain comparable à un champ gelé. Pourquoi n'organiserait-on pas une équipe féminine qui aurait son propre terrain ? Si, comme on le disait, il y avait en Angleterre plus de trente mille joueuses de hockey, ce jeu ne pouvait être réputé dangereux.

J'appris les règles, je me mis à la recherche

d'un terrain ; je trouvai dix camarades disposées à acheter une crosse et dès ce moment nous prîmes le nom de Champel Hockey Club. Des communiqués furent envoyés aux journaux pour annoncer sa fondation. Mais toutes sortes de difficultés nous attendaient. Il fallut convertir des parents réticents et obtenir, pour leurs enfants, la permission de se joindre à nous. On manquait complètement de terrains de jeu ; pendant deux ans, celui sur lequel nous jouâmes fut un jardin particulier où le sol était très inégal. Il nous fallut marquer les lignes de jeu et placer nous-mêmes les poteaux de but. Nous jouions dans la neige, dans la boue, sous la pluie ; j'avais décidé que seules les joueuses qui auraient suivi tous les entraînements auraient le droit de faire partie de l'équipe.

A notre premier match privé, nous eûmes pour adversaires les élèves d'un pensionnat anglais qui nous battirent à plate couture. Mais nos ambitions ne connaissaient pas de limites. Après quelques mois d'entraînement soutenu, à l'aide d'affiches nous annonçâmes un match féminin public, le premier qui eût lieu dans notre ville. Nous espérions que ce spectacle nous attirerait beaucoup de membres nouveaux. Nous avions invité une équipe renommée de Lyon : ces joueuses ne voulaient se déplacer que frais de voyage payés, et comme nous n'avions pas d'argent, je n'eus d'autre ressource que de présenter une liste de souscription à tous ceux que je rencontrais.

Le grand jour arriva. Mon équipe n'aurait guère compté si nous n'avions eu trois joueuses anglaises recrutées à la Société des Nations. Entraînées par leur mari ou leurs frères, les Lyonnaises étaient de rudes adversaires, et si notre défaite fut honorable, nous ne le dûmes qu'à une défense héroïque ! De tout l'après-midi la pluie ne cessa pas et je passai mon temps à patauger, armée de ma crosse, ou à regarder la grille d'entrée en me demandant combien d'argent nous perdions ! Ce fut tout de même une réussite, nous acquîmes six membres nouveaux, l'une de nos recrues était bâtie comme une tour et, pendant des années, fit des merveilles comme goal.

Le hockey me fit passer des heures très agréables et grâce à lui je me créai des amis dans nombre de pays. Je trouvais aussi chez mes équipières moins de défauts qu'il ne paraissait au premier abord. Quand on explique clairement comment il faut s'y prendre pour maîtriser une équipe adverse, on fait vite oublier les récriminations mesquines, et on arrive à créer un esprit d'équipe. Ce club de hockey était le premier groupement organisé auquel j'appartenais. Être responsable de son fonctionnement me conférait une certaine importance : il fallait correspondre avec l'étranger, prendre des décisions, intéresser les journaux sportifs à notre programme ; comme je n'avais que seize ans, j'étais assez jeune pour y prendre plaisir.

Par la pratique de ce sport, je parvins également à mieux me connaître moi-même. Je jouais aussi volontiers sans spectateurs qu'en public ; mais je découvris combien, dans le second cas, le rôle de capitaine m'était agréable : lorsque les spectateurs criaient en m'appelant « Kini » (mon surnom), je découvrais en moi-même des réserves insoupçonnées de rapidité ; je savais, en clamant des paroles inspirées, lancer mon équipe faiblissante dans une offensive victorieuse et assumer dans la victoire comme dans la défaite une attitude « naturelle » ! En même temps, je commençais à être consciente du pouvoir que j'exerçais sur mes camarades, et s'il arrivait que l'une d'elles protestât contre mon autorité, ce n'en était que plus amusant de l'amener à ma manière de voir. Une partie de moi-même observait tout cela en témoin dédaigneux et disait en s'adressant à l'autre : « Quand cesseras-tu de poser pour la galerie ? »

Au total, la direction de ce club me donna la conviction que l'on arrive à réaliser ce que l'on poursuit avec assez de force et de persévérance. Quelques années plus tard, j'eus un exemple frappant de l'influence que peut avoir sur les circonstances une volonté bien déterminée. Il devait y avoir à Lausanne une rencontre entre les équipes représentant la Suisse et la France. Je savais que notre défaite serait complète, même si nous donnions notre maximum. La seule chance de sauver l'honneur était de prendre l'adversaire par surprise et d'avoir le dessus dès la première minute. Comme c'était moi qui engageais à la place d'avant-centre, j'avais décidé de contrôler la balle pour la passer à mon aile droite, à un endroit bien spécifié au-delà de l'arrière ennemi, puis la balle serait centrée immédiatement afin que soit mon « inter », soit moi-même marquions le but.

On peut combiner le début d'un match comme une partie d'échecs puisque l'exacte position de l'ennemi est connue à ce moment. Il fallait simplement que, coûte que coûte, je gagne l'engagement. C'est ce que je fis : cela réussit, et sans effort, comme dans un rêve ; dans les trente premières secondes nous marquâmes notre but — le premier et le dernier de la journée.

Avec le bateau, le hockey et le ski comme distractions, j'arrivais à supporter la corvée des classes. Mais le sport n'était pas seul à m'intéresser. A cette époque je dansais beaucoup, soit à la maison où mes cousins étaient venus habiter l'appartement au-dessous du nôtre, soit chez des amis ; et il m'arrivait souvent de somnoler pendant la classe parce que je n'avais dormi que deux ou trois heures la nuit précédente. Ma mère ne s'opposait pas à mes sorties, car elle aussi aimait danser et elle était fière de moi quand j'obtenais un prix de boston ou de tango.

Un de mes partenaires, propriétaire du *Poodle*, avait l'intention d'aller exploiter une ferme en Rhodésie et aurait voulu m'emmener. Sans penser encore à l'avenir, j'avais le vague projet de faire des études de biologie. Mais au fond de mon cœur (et je gardais jalousement pour moi-même ces pensées) je me croyais née pour être actrice. Depuis des années je prenais des leçons de diction parce que j'adorais la tragédie et, à mesure que je grandissais, on me faisait apprendre les rôles du répertoire classique qui pouvaient me convenir. Je vivais ainsi plusieurs vies, sans attendre que se dessinât l'orientation de la mienne. Je sortais de ces leçons le visage en feu et il suffisait de deux vers pathétiques, récités à haute voix, pour m'émouvoir aux larmes.

A dix-sept ans, un an avant la fin de mes études secondaires, je me rendis compte tout à coup que je ne savais rien de ce que j'étais censée avoir appris ; jusque-là j'avais passé mes examens en me fiant à ma chance et à la tricherie. Je décidai donc d'abandonner l'école. J'obtins la permission de préparer avec une amie les examens qui donnent accès à l'université, en prenant pendant deux ans des leçons particulières. J'espérais que pendant ces années d'étude, je découvrirais la carrière qui me conviendrait le mieux (je voulais avoir un moyen d'existence personnel, car c'était la condition de l'indépendance). Hélas ! pour toutes deux, ce fut un échec. Mon amie, surmenée par notre énorme programme, était dans un état de dépression nerveuse qui se manifesta en plein examen ; et pour ma part, ayant consacré trop de temps à mon club de hockey et pas assez à mon travail, j'échouai en latin et en mathématiques. J'aurais pu me présenter une seconde fois l'année suivante, mais je ne trouvais plus aucun attrait aux études classiques, je n'arrivais pas à voir quel avantage on pouvait en tirer. Si je les poursuivais, il fallait prévoir encore des années à passer à Genève, pensée décourageante pour moi qui avais hâte d'aller à l'étranger.

Pendant que j'hésitais, on prescrivit à Miette, qui relevait d'une grave maladie, de passer un hiver sur la Côte d'Azur. Lorsqu'elle apprit que j'étais libre et que je pouvais aller la rejoindre, elle me proposa une croisière en Méditerranée.

Je représentai à mes parents mes devoirs envers une amie malade, ajoutant que cela n'entraînerait aucune dépense puisque Miette se chargerait de moi. Ainsi, à peine âgées de vingt ans, sans aucun équipage pour nous aider, nous allions six mois durant naviguer sur un cotre le long des côtes de la France méridionale.

CHAPITRE II

Perlette

Quand j'arrivai à Paris, en novembre, Miette était encore à la clinique. Comme elle envisageait avant tout un genre de navigation sans danger, elle pensait acquérir un bateau de pêche, non ponté. Ces « pointus » peuvent facilement être tirés à terre dès que le temps devient menaçant. Mais on m'avait récemment parlé de yachts monotypes vraiment marins qui régataient au Havre, et l'un d'eux était à vendre. Je me rendis chez Louis Bréguet, le constructeur d'avions, qui était le propriétaire de *Perlette*. C'était un cotre de trois tonnes, mesurant sept mètres vingt de bout en bout, qui avait une bonne cabine et ne coûtait que six mille francs français. Je nous voyais déjà vivant dans notre cabine, à l'ancre, préparant l'itinéraire du lendemain, nous sentant détachées de la terre et libres ! Cela paraissait trop beau pour être possible.

Perlette plut beaucoup à Miette, à travers la

description que je lui en fis ; elle l'acheta sans même en avoir éprouvé le bordé avec la lame de son couteau, suivant la vénérable coutume des marins. Le propriétaire avait consenti à faire quelques réparations avant de l'expédier à Marseille sur un cargo. Sans perdre de temps, installées par terre devant la cheminée de Miette, nous commençâmes à étudier les cartes marines et les instructions nautiques. Au cœur de Paris où régnait l'hiver avec ses brouillards et sa boue, environnées de son bruit, par la pensée nous étions déjà en mer, nous apprenions comment l'on entre dans telle ou telle petite baie pour s'y abriter du violent mistral et pour y trouver, à une longueur de câble de la jetée, le puits dont l'eau est bonne.

Nous gardâmes le silence au sujet de *Perlette*.

Après avoir emballé la literie, les suroîts, les cartes, nous avions annoncé à nos familles que nous partions pour le Midi. Nous trouvâmes à Saint-Tropez une pension modeste, dans un couvent, où nous décidâmes de nous installer jusqu'à l'arrivée de notre yacht. Notre temps se passait à circuler à bicyclette sur la côte, à causer avec les pêcheurs, et les bonnes sœurs seraient sans doute tombées à la renverse si elles avaient su que nous avions traversé le golfe sur une tartane dont le capitaine venait de sortir de prison. Miette était déjà un vieux loup de mer : elle avait navigué au large avec des pêcheurs bretons ; mais moi, je vivais pour la première fois près de la mer, et la violence soudaine des tempêtes hivernales m'effrayait. *Perlette* avait un tirant d'eau d'un mètre vingt ; il était donc impossible de gagner la plage la plus voisine si le mauvais temps nous surprenait ; si elle ne pouvait pas faire face aux tempêtes, il fallait l'amener jusque dans un véritable port.

Mais une autre sorte de tempête s'abattit sur nous ! Le banquier de Miette à Genève était un de ses oncles, et il venait de recevoir de M. Bréguet le chèque par lequel elle avait payé le bateau. Très fâchés, son père et le mien nous écrivirent en nous traitant de folles et nous ordonnèrent de rentrer sur l'heure à la maison.

Le même jour, nous recevions une lettre nous annonçant l'arrivée à Marseille de *Perlette*. Après mûres réflexions, nous en vînmes à conclure que nos pères, habituellement calmes et pondérés, s'étaient probablement laissés influencer par l'agitation de nos tantes ; on avait dû faire circuler quelque histoire (tissu d'exagérations) où nous vagabondions parmi des pirates ; dans une des lettres, on nous avertissait que les ports sont pleins de gens dangereux.

Nous pesâmes soigneusement les termes de notre réponse : pourquoi toutes ces histoires ? Le bateau que Miette avait acheté était à peine plus grand que le *Gipsy*, mais tenant beaucoup mieux la mer. Notre intention était de l'amarrer dans le bon port de Saint-Tropez et de naviguer dans le golfe par beau temps. Nous ne ferions rien de plus en mer que ce que nous faisions depuis des années sur le lac : il n'y avait pas lieu de s'alarmer. Jusqu'ici, nous ne nous étions lancées dans aucune entreprise insensée et on pouvait nous faire confiance.

Le père de Miette avait été officier dans la Marine française, il connaissait la mer ; il savait que sa fille avait beaucoup appris de lui et il était fier du sang-froid dont elle faisait preuve. Si nous parvenions à le gagner à notre cause, j'avais l'impression que mon père se rallierait à sa décision.

Nous passâmes une semaine à attendre anxieusement leur réponse. Mais elle vint enfin, ils étaient rassurés. Miette me dit avec un clin d'œil significatif : « On est des malins singes ! »

Équipage et patron, nous étions toutes deux fières de notre *Perlette* qui allait nous donner beaucoup à faire. Désarmée, noire de suie et encore dématée, la coque n'en était pas moins une merveille à nos yeux : elle nous appartenait ! Au Yacht Club, dans le Vieux-Port, *Perlette* avait été tirée à sec et placée de façon que nous puissions inspecter sa coque. Ses lignes étaient pleines et vigoureuses. Pour qu'elle fasse son devoir, il suffirait que nous sachions nous servir d'elle.

Elle était munie d'un moteur auxiliaire et, ne sachant pas manier cette sorte d'engin, nous décidâmes sans hésitations de nous en débarrasser. En comptant uniquement sur nos voiles, nous nous sentions sûres de toujours savoir à quoi nous en tenir, et avec les mille cinq cents francs que nous rapporta la vente du moteur, nous achetâmes des provisions. *Perlette* fut alors équipée.

Le secrétaire du club, navigateur enthousiaste, nous comprenait ; il nous aida à acheter notre matériel et traita avec nos ouvriers. Nous achetâmes deux matelas étroits et dès que ce fut possible, nous nous installâmes à bord. Nous travaillions ferme, ayant hâte de quitter Marseille où nous nous sentions emprisonnées dans des rangées de bateaux, entre les pontons du club. Malgré mon désir de travailler pieds nus, en vrai marin, il me fallut y renoncer : nous étions en février et il faisait si froid que sur le quai, autour de la prise d'eau, on glissait sur la glace. Nous étions vêtues d'épais jerseys de lainc. En ćtudiant *Lc Capitaine de yacht*, Miette apprit comment obtenir les pièces officielles nécessaires pour naviguer sur *Perlette*.

Quand notre bateau fut enfin prêt, brillant de peinture blanche, gréement établi, voile enverguée, cabine et poste bien lavés, nous achetâmes ce qui nous manquait encore : un petit compas à liquide, un baromètre et un loch enregistreur des distances parcourues, de façon à pouvoir naviguer à l'estime au cas où nous perdrions la terre de vue.

Nous avions deux dames-jeannes pleines d'eau douce. Nos vêtements étaient roulés dans un filet fixé sous nos longues étagères à livres. Nous faisions notre cuisine sur un Primus placé entre les couchettes.

Le soir, à la lumière de notre lampe à pétrole, la glissière du roof bien tirée, nous reposions nos membres courbaturés ; au chaud, et confortablement installées, nous lisions les livres de Herman Melville qui parlent du Pacifique. Tandis que *Perlette* obéissait à la légère houle, une louche à soupe se balançait contre la cloison de la cuisine ; le vernis frais exhalait son odeur de propreté, le taud abritant le cockpit battait dans le vent et nous savourions la douceur de notre rêve réalisé.

Pendant cette période préparatoire, nous avions déjà navigué ; des régates étaient en cours et comme quelques propriétaires de bateaux manquaient à l'appel, on nous offrit, à Miette et à moi, de barrer chacune un yacht. Jour après jour, par tous les temps, nous faisions la course dans la rade et cela nous familiarisait avec l'eau salée et avec les abords du port. Félix, mon matelot, porteur d'une moustache conquérante, était originaire de Cannes. Il était calme et de bon conseil ; nous devînmes vite bons amis. Mon bateau de course, la *Rose de mai*, était un six mètres cinquante comme le *Gipsy* ; pendant les moments de calme, je décrivais à Félix nos régates sur le lac.

Tous les yachts devaient se rendre à Cannes dès que le temps s'y prêterait. Nous étions aussi en partance pour l'est et Félix nous expliqua en détail la route à suivre. Il ajouta que si nous quittions Marseille en même temps que les autres voiliers, il aurait l'œil sur nous : à le voir avec nous, on eût dit un canard ayant couvé des poussins.

Tous ensemble, nous quittâmes le Vieux-Port par un matin brumeux. Nous nous étions déhalées sans bruit vers la passe. Les voiles furent hissées sans difficultés. Poussées par une brise trop faible pour plisser l'eau sale, nous fîmes route vers la sortie. En partant, sous le pont transbordeur plus élevé que les plus hauts quatre-mâts, nous vîmes un grand voilier sur lest, gréé en carré, dont le flanc sombre semblait aussi solide qu'un mur.

Nous en avions fini avec les dernières notes à payer, avec les ouvriers qui ne tiennent jamais parole, avec l'accent et l'esprit marseillais qu'on est amené parfois à prendre en grippe : la Méditerranée était à nous !

Nos amis, les yachts de course, s'étaient déjà dispersés. Les élégants huit mètres étaient en tête, près des îles que nous devions dépasser avant d'obliquer vers l'est. Nous prîmes joyeusement congé de Notre-Dame-de-la-Garde, située bien haut sur son rocher, et de la merveilleuse rade que nous avions prise en affection.

Mais le temps restait gris. Une grosse houle nous rattrapa, les heures passaient péniblement. L'après-midi, le vent vint de l'arrière, soufflant du sud-ouest et augmentant régulièrement. Plus rapides que nous, les yachts de course étaient devenus plus petits de minute en minute, jusqu'à ce qu'on ne puisse plus les distinguer même avec les jumelles. Ils atteindraient sûrement les eaux abritées de Toulon avant la nuit. Quoique le vent eût forcé et que *Perlette* avançât, l'étrave plongée dans un grand ourlet d'écume croulante, nous ne pouvions espérer en faire autant.

Bien au large du sombre cap Sicié, nous résolûmes de changer d'amures en empannant.

Si nous nous étions rendu compte de la force réelle de la brise, nous n'aurions pas décidé de faire une si délicate manœuvre. Mais fuir par vent arrière est trompeur, le mouvement aisé de la coque crée un sentiment de fausse sécurité. Quand j'envoyai la barre à tribord, le gui passa sur nos têtes comme un coup de tonnerre. *Perlette* supporta bravement le choc mais avec le vent et la mer par le travers, nous comprîmes que les vagues étaient dangereuses. Nous bondissions de l'avant ; dans la cabine les objets étaient projetés hors des étagères ; il fallait aviser rapidement : deux ris s'imposaient ! Debout contre le mât, gardant avec peine son équilibre, Miette s'arrangea pour réduire la toile pendant que je choisissais notre route au milieu des blancs paquets de mer.

Voici le crépuscule : la côte se rapproche. Avec un soupir de soulagement nous remarquons les lumières d'une crique repérée sur la carte. Au voisinage de la terre, la mer est plus calme et nous entrons sans dommage dans des eaux abritées. *Perlette* est amarrée à une petite jetée, dans une paix et un silence qui semblent miraculeux. On ne saurait trouver quelqu'un de plus heureux que nous.

Notre projet était d'amener *Perlette* à Saint-Tropez. Le jour suivant, nous continuâmes donc notre route jusqu'à l'île de Porquerolles. Là, les eaux étaient claires comme du cristal, vertes ou bleues suivant la nature du fond. Les rochers étaient rouges ou dorés, le sable de la plage doux et argenté. De grands arbres ombrageaient la rive et les quelques habitants — pêcheurs, cafetiers, curé — faisaient figure de sages souriants. Ils nous accueillirent avec bienveillance. Avec les uns nous mangions la bouillabaisse, le poisson bouilli étalé sur une plaque de liège ; avec d'autres nous jouions à la pétanque ; avec un troisième il fallait boire du vin rouge.

En traversant les bois de pins parasols, nous découvrions la côte abrupte que battent des vagues venues d'Afrique.

C'est là que nous rencontrâmes deux écrivains sans lesquels nous aurions pu oublier cette Europe d'après-guerre qui ne nous inspirait que de l'antipathie. Au retour des tranchées, ils s'étaient révoltés ouvertement contre notre « civilisation ». Au cours de nos entretiens, ils exprimèrent clairement ce que nous n'avions que confusément senti jusque-là. Leurs critiques si nettes et si dépourvues d'espoir nous confirmèrent dans le vœu de vivre à l'écart des villes et de leur atmosphère artificielle.

La place me manque ici pour rapporter mes conversations avec Miette, pour raconter nos nombreuses croisières, pour décrire la joie que nous trouvions à mener un bateau obéissant ou celle que nous avions à disposer de notre liberté et à échanger nos impressions avec les gens si divers que nous trouvions dans nos escales. Non seulement j'avais, pour la première fois, quitté la maison paternelle, mais je découvrais la grandeur de la mer et la diversité des êtres humains. Je tiens cependant à rappeler quelques souvenirs de ces premiers mois : ils montreront comment s'ouvrit un merveilleux chapitre de notre vie et comment s'affirmait, de jour en jour, notre esprit d'indépendance.

Nous avions atteint Saint-Tropez accrocs ; après avoir attendu le premier jour pour quitter notre île, nous reconnûm côte que nous avions commencé à décou pendant notre séjour au couvent : l'étroit Camarat, la rive sauvage et déserte de Pam lonne où, à Noël, nous nous étions plong dans la mer froide.

Nous commencions à prendre de l'audac Pourquoi ne suivrions-nous pas la côte jusqu' Cannes, Monaco, Menton, pour essayer ensuit de traverser jusqu'en Corse ? Quelle sensation merveilleuse de perdre la terre de vue et de devenir des navigateurs de haute mer !

Mais nous étions encore à la mauvaise saison, pendant laquelle on ne peut se fier au temps ; et comme il n'y avait pas de port sûr entre Saint-Tropez et Cannes, il fallait couvrir cette distance d'une seule traite, afin d'entrer de jour dans ce port inconnu (ce qui était à la base de nos principes de sécurité). Nous appareillâmes au coucher du soleil, nous préparant à passer une nuit en mer. Glissant silencieusement, nous sortîmes des terres : les premières étoiles apparaissaient, nous écoutions le bruit léger du vent dans le gréement.

Miette a toujours sommeil aussitôt après le repas du soir et moi, je n'aime pas me lever à minuit : je pris donc le premier quart. Le compas était placé au milieu du bateau, suspendu à un manche à balai, installation peu banale. Miette descendit dans la cabine. J'allumai une pipe (j'étais arrivée à pouvoir la fumer sans avoir mal au cœur) qui me tint compagnie pendant ces heures solitaires. Fière de notre petit bateau isolé sur la mer, je me sentais envahie par une calme exaltation.

Derrière nous se succédaient les rayons du phare de Camarat, balayant l'horizon ; devant nous, rien d'autre que l'obscurité. De petites vagues clapotaient contre la coque ; notre bateau, stable avec ses voiles bien équilibrées, naviguait de lui-même. Maintenant que je m'abstenais de regarder l'heure à ma montre, le temps passait insensiblement, sans que rien le mesurât. La brise de terre, qui augmentait, apportait le chaud parfum des mimosas. Nous avancions toujours, en glissant sans efforts. Entre deux immensités, le Ciel et la Mer, j'avais l'impression de devenir immatérielle, comme dans un rêve.

Quelque chose devant nous qui ressemblait à une puissante respiration me ramena à moi-même. Qu'est-ce que cela pouvait être ? Un gigantesque amphibie endormi à la surface des eaux ? Est-ce que je m'en rapprochais ? Le bruit faisait penser à celui d'un jet d'eau. Y a-t-il des baleines dans la Méditerranée ? Était-ce un monstre marin ? Une trombe aspirante ? Il ne pouvait y avoir de brisants sur notre route à cinq milles de distance des terres. Fallait-il réveiller Miette, qui rirait peut-être de mes craintes, ou arriverais-je à boucler seule le premier quart de nuit qui m'était confié ? « Cela » se rapprochait beaucoup. Écarquillant les yeux, je ne voyais rien que du noir, un inconnu d'obscurité qui me terrifiait. Maintenant « cela » s'était un peu écarté, « cela » disparaissait lentement derrière nous, me laissant le cœur encore battant.

Il devait sûrement être temps d'appeler Miette. Non ! il y avait encore une demi-heure à attendre, et jamais minutes ne me parurent si longues ! A travers mes paupières si lourdes que j'avais peine à les soulever, je distinguais une faible lumière : ce devait être la baie de Villefranche. Je commençais à grelotter de froid, et quand enfin Miette vint me relayer, je lui passai mon gros caban de laine pour la protéger de l'abondante rosée nocturne. Quand je lui décrivis le « monstre marin », elle se demanda si ce n'était pas l'écho d'un raz au large du cap que nous avions doublé... Je fus vite déshabillée et, sous mes couvertures, prête au sommeil, je savourai la chaleur et le confort de la cabine très inclinée par notre gîte.

Le jour suivant, nous amarrions notre bateau à la jetée du casino à Cannes. Dans le port le plus élégant de la Côte d'Azur, rempli de yachts de toutes dimensions, *Perlette* faisait figure de

Cendrillon. Elle n'avait ni cuivres brillants, ni équipage empressé à obéir ; les marmites et les casseroles étaient lavées sur le pont par la propriétaire et son invitée, que l'on pouvait aussi voir portant sur leurs épaules des dames-jeannes d'eau douce.

Ce fut en juin seulement que le vent, le baromètre et les prévisions météorologiques permirent de prévoir que tout serait favorable à une traversée sur la Corse. Qu'elle était grande, notre excitation contenue, et que la chose était pourtant simple ! Après six heures de navigation nocturne nous perdîmes de vue le phare de l'île du Levant que nous devions garder droit dans notre sillage ; la brise restait légère et l'après-midi suivant, une masse confuse de montagnes d'un gris sombre se détacha sur l'horizon, droit devant notre beaupré. Du bateau, nous nous baignâmes dans une mer profonde comme un abîme bleu qui engloutissait avidement tous les rayons convergents du soleil.

Nous ne vîmes pas un seul bateau jusqu'à ce que, atteignant la côte corse, au cœur de la nuit, nous entrions dans le cirque formé par la baie de Calvi ; notre atterrage n'avait été que de quelques milles trop au sud, notre navigation à l'estime fonctionnait bien.

Nous n'étions pas plus tôt arrivées qu'une tempête s'éleva du sud-ouest, faisant rage trois jours durant et remplissant le port d'une formidable houle. Si fières que nous fussions d'être arrivées de si loin — et selon les Corses massés sur le quai, aucun autre voilier aussi petit que la *Perlette* n'était jamais venu du continent —, nous ne tenions pas à nous attarder sur une côte si peu sûre. Quand la tempête eut épuisé ses forces, nous profitâmes du jour de répit qui suivit pour dire adieu au capitaine de port qui, à notre arrivée, avait eu grand-peine à croire Miette lorsqu'elle lui avait répété jusqu'à trois fois : « Mais le capitaine, c'est moi ! Inutile de le chercher dans la cabine ! » Portées par une puissante et lente houle qui nous faisait monter et descendre, nous gouvernâmes sur Nice, à cent milles au nord. La nuit suivante il ne fut pas question de dormir : nous étions à l'épreuve ! Du gros temps venu d'Italie nous surprit ; nous devions apprendre plus tard que c'était le « retour » de la tempête précédente. Nous plongions de l'avant dans une mer croisée et déchaînée ; et pour bien barrer il fallait une intensité d'attention que nous n'avions encore jamais atteinte.

Nous effectuâmes la traversée en vingt-quatre heures ; c'était rapide pour un si petit bateau, et aussitôt l'ancre jetée, mortes de fatigue, mais fort contentes de nous-mêmes, nous tombâmes dans un profond sommeil. Nous n'avions pris que juste le temps de saluer de la main un ami debout sur un yacht voisin et de lui indiquer d'où nous venions.

Une heure plus tard, une voix nous hélait d'un youyou venu se placer tout contre nous. Très fâchée d'être réveillée, Miette découvrit que le coupable était un reporter qui voulait nous interviewer. Elle se débarrassa de lui sans aucun ménagement, en lui ordonnant de nous laisser tranquilles et en lui affirmant que nous n'avions rien à raconter et n'avions envie que de dormir.

Le jour suivant, le journal local publia un récit fantastique de notre traversée, illustré de la photographie truquée d'un yacht : de quelle frayeur nos parents n'auraient-ils pas tremblé s'ils l'avaient lu et quels remords les auraient assaillis d'avoir eu la folie de nous laisser courir de tels dangers !

Pendant ces mois à bord, nous lisions des livres tels que *La Croisière du Snark* de Jack London et *Tour du monde d'un navigateur solitaire* de Slocum. Nous envisagions de plus en plus sérieusement la possibilité de vivre en mer et nous espérions trouver un moyen d'existence dans les îles du Pacifique. Il nous faudrait un bateau un peu plus grand que la *Perlette*, mais qui fût cependant d'un maniement encore facile. Un jour qu'à Nice nous agitions cette question, nous remarquâmes un yacht bien tenu, le

Firecrest, qui réunissait toutes les qualités requises. Son propriétaire nous invita à son bord, nous montra les coupes de tennis qu'il avait gagnées et nous expliqua en détails comment il s'y prenait pour naviguer seul sur son bateau.

Atteindre le paradis des mers du Sud, tel était notre rêve et c'était aussi le sien. Mais Alain Gerbault (tel était le nom de cet homme de haute taille, un peu voûté, aux yeux verts éclairant un visage étroit) était sur le point de partir. Aviateur pendant la Grande Guerre, lui et trois de ses compagnons avaient décidé de gagner le Pacifique et d'abandonner pour toujours un continent où de telles guerres étaient possibles. Ses amis avaient été tués, mais il n'avait pas renoncé à son projet ; il était résolu à partir seul. Gardant ses intentions secrètes, il s'était entraîné en naviguant presque toujours seul de l'Angleterre à la Côte d'Azur.

A Cannes, où nos bateaux se trouvaient bord à bord, nous voyions beaucoup Gerbault. Il emmagasinait à son bord des provisions pour trois mois. On voyait arriver un baril de bœuf immergé dans la saumure, du lait condensé par grandes quantités, des flocons d'avoine et du biscuit de mer. Nous passions nos soirées dans sa cabine à étudier les cartes de pilotes de l'Atlantique, nous apprenions pourquoi il est si difficile de naviguer d'est en ouest contre vents et courants dominants.

Le *Firecrest* était un vieux bateau mesurant onze mètres de long, doté d'un très long et très peu pratique beaupré ; avec seulement deux mètres soixante à son maître-bau, il coupait à travers les vagues plutôt qu'il n'était soulevé par elles, ce qui n'est guère favorable aux croisières en haute mer.

Souvent, je regardais Alain avec étonnement. Je n'ignorais pas qu'il avait prévu toutes les difficultés qui pouvaient surgir ; il savait passer une nuit à la cape pendant qu'il dormait en sécurité, à l'abri de la cabine. Il avait une ancre flottante capable de l'aider à chevaucher n'importe quelle tempête. Il aimait la mer avec passion et était prêt à passer des semaines seul à seule avec elle. Mais enfin, cet homme allait bientôt naviguer en solitaire, de Gibraltar à New York, sans même l'aide d'un moteur. Il pouvait réussir, mais le contraire pouvait arriver aussi.

Un jour d'avril, Alain nous fit ses adieux, leva l'ancre, hissa les voiles et partit pour ce voyage, dont il écrivit l'épopée devenue fameuse.

Désormais, ce fut lui qui tint la première place dans nos conversations ; s'il réussissait dans son entreprise, ce serait la preuve que nous pouvions tenter nous aussi quelque chose du même genre. Nous n'étions pas encore capables de manier un sextant et de faire le point, mais c'était la pratique qui importait avant tout, et chaque jour, nous en acquérions davantage.

L'exploit de Gerbault se termina victorieusement après l'une des traversées les plus terribles qui se puissent imaginer [1]. La seule chose qu'il n'avait pas prévue lui arriva : ses voiles furent si souvent déchirées par les tempêtes contre lesquelles il lutta qu'il finit par être à court de fil et de toile. Sept ans après, il revint en France après avoir navigué autour du monde. Il se fit construire un bateau neuf (que je devais avoir l'occasion d'admirer) et de nouveau il appareilla pour sa bien-aimée Polynésie.

Nous décidâmes de nous préparer à partir à notre bord pour Tahiti. Il fallait que je m'initie un peu aux courants de marées et Miette allait former un nouveau matelot pour compléter notre équipage — une femme si possible, car notre vie à bord en serait très simplifiée.

1. *Cf.* son *Seul à travers l'Atlantique*, Grasset, 1924. *Cf.* aussi d'Éric Vibart, *Alain Gerbault. Vie et voyages d'un dandy révolté des années folles*, Payot, PBP/Voyageurs, 1992.

CHAPITRE III

Incertitudes et occupations diverses

Jusque-là j'avais obtenu tout ce que j'avais voulu, mais le moment était venu de prendre la vie au sérieux et c'est alors que les difficultés commencèrent : que comptais-je faire de mon existence ? C'était très bien de faire du bateau à voile pendant les vacances, mais enfin ce ne pouvait être l'activité principale de ma vie. Les affaires marchaient mal, me disait mon père, il me fallait penser à l'avenir.

Que pouvais-je répondre ? La vie pleine d'imprévus que j'avais menée si jeune me donnait un grand dégoût des occupations citadines. Plus j'y pensais, plus il me paraissait absurde de passer mes meilleures années dans des bureaux, à économiser de l'argent que je ne pourrais dépenser que quand j'aurais plus de cinquante ans et ne serais plus en âge de réaliser les rêves de ma jeunesse.

A cela, on me répondit que « je voulais faire de ma vie un loisir ininterrompu ». C'était une situation difficile et qui devait le rester des années durant : je repoussai le conseil de mon père, qui était de construire ma vie sur la base de la sécurité matérielle. Sécurité, situation, considération, ces termes n'avaient guère de signification pour moi. De même que ces autres mots : famille, religion, ils sonnaient creux ; et plus la réalité profonde qu'ils représentaient perdait son sens, plus on cherchait à les soutenir par toutes sortes d'explications. Il me fallait trouver autre chose. Par quoi pourrais-je remplacer la sagesse de mon père ? Où trouver une sagesse qui dépasserait celle-là, à laquelle mon cœur pourrait adhérer sans restrictions ? Jusqu'ici, pour m'aider à prendre une décision, je m'étais bornée, chaque fois que j'avais eu un choix à faire, à poser la question : « Y a-t-il là quelque chose de positif ? La vie s'y épanouit-elle mieux qu'ailleurs ? »

A dix-sept ans, j'avais suivi un cours d'instruction religieuse. Le pasteur avait envisagé les problèmes de Dieu, de la vie et de la mort, à la lumière de l'Évangile. Mais je n'écoutais qu'avec le cerveau, comme si c'était une leçon, à l'école, alors qu'un tel enseignement aurait dû atteindre des régions de l'être plus profondes et plus sensibles ; et le résultat avait été nul. Cela se réduisait à un cercle d'études où beaucoup de questions morales étaient débattues ; mais, bien que donné par un homme de valeur, cet enseignement n'avait pas pour nous de signification réelle. Je conclus que les religions n'étaient d'aucun secours et qu'il me restait à découvrir par moi-même pourquoi nous étions sur terre. Et même, était-il nécessaire de se poser cette question ? Ne suffisait-il pas de profiter pleinement de la vie ? Ne suffisait-il pas d'être heureux ?

Je restais donc pour le moment à Genève où je m'initiais un peu aux affaires de mon père — un négoce de fourrures qui était en rapport avec des firmes importantes de Londres et de New York. J'espérais trouver quelque emploi à l'autre « extrémité » de notre commerce, celle où les animaux sont capturés ! Mais rien ne prouvait que j'y réussirais et, quoi qu'il en fût, il serait toujours utile de savoir la sténographie. Une amie m'avait écrit de Casablanca qu'il serait facile d'y trouver un secrétariat, et je me mis à prendre des leçons. Ces projets soutenaient mon moral. Mais quand je mentionnai le second, mon père refusa absolument de me laisser chercher du travail dans un pays aussi lointain que le Maroc. Il affirma qu'il me serait impossible d'y trouver une situation. Comment savoir ? Je lui causais vraiment beaucoup de souci.

J'essayai de le tranquilliser : « J'avais des goûts simples et je pouvais me suffire à moi-même. » Il ne parut guère ajouter foi à ces affirmations présomptueuses. Mais ce jour-là, je trouvai dans le *Journal de Genève* une annonce qui correspondait à ce que je cherchais : il s'agissait d'une école de garçons en Angleterre où l'on demandait un professeur de français « au pair ». J'y répondis, parce que l'école étant située au bord de la mer dans le pays de Galles, j'espérais pouvoir naviguer avec des pêcheurs pendant les week-ends.

Ce fut ainsi que je partis pour l'Angleterre. Une fois arrivée là-bas, je découvris qu'il fallait aussi enseigner à l'école de filles voisine, bien qu'il n'en eût pas été question auparavant. Cela comportait un grand nombre d'heures de travail, et quand j'étais enfin libre le soir, il m'était interdit d'avoir de l'éclairage dans ma chambre passé dix heures.

J'eus nombre de disputes bien énervantes avec l'irascible principal. C'était un clergyman ; il avait un long nez et était d'origine espagnole. Il s'entêtait à dire que je l'avais trompé sur le prix du voyage pour pouvoir m'acheter des souliers neufs, et que je mentais, comme tous les étrangers ; il était impossible que je n'eusse pas été informée en ce qui concernait l'école de filles ; je n'avais aucun droit à me réserver du temps pour la préparation de mon brevet de capitaine puisque j'étais censée travailler pour lui. Et pour quelle raison voulais-je aller à Oxford passer le week-end ? Pour voir un ami ?

Un étudiant hindou avec qui j'avais fait du ski en Suisse ? Jamais ! Il mourrait plutôt que de m'y laisser aller.

Ces scènes bruyantes étaient fatigantes ; ne pouvant m'exprimer en anglais, j'étais vaincue avant d'avoir proféré un son. Ma seule consolation venait d'un jeune poète irlandais, dont le nez pointait droit vers le ciel, avec qui j'échangeais parfois quelques mots dans le corridor et qui répondait au nom de Monk-Gibbon.

Pendant ce temps, Miette naviguait autour des îles grecques sur la *Perlette*. Une jeune fille surnommée Patchoum, qui pourrait, plus tard, nous accompagner jusqu'aux îles du Pacifique, s'entraînait sous ses ordres. Patchoum faisait des études d'archéologie, avait écrit une thèse sur l'art minoen et se disposait à prendre part à des fouilles en Crète.

Constatant que je n'avais aucune possibilité de sortir en mer avec des pêcheurs comme je l'avais espéré, je quittai aussitôt que je pus cette horrible école ; j'enseignai dans un collège de filles près de Londres pendant un trimestre et finis par trouver ce que je souhaitais : un emploi sur un grand yacht.

Je fus mise en rapport avec son propriétaire, par l'intermédiaire des « annonces personnelles » du *Times*, et c'est ainsi que commença une amitié durable, dont j'ai parlé dans mon livre *la Vagabonde des mers*.

Le *Volunteer*, une grande barge de la Tamise à fond plat transformée en yacht, était confortable, pourvu d'une salle de bains et de sept cabines à couchettes. Il convenait à merveille à son propriétaire, un homme excentrique, gros et sourd, qui aimait la plaisanterie, les cigarettes et le brandy. Sur ce bateau, j'ai navigué plusieurs mois le long des côtes de la Manche, et l'année suivante jusqu'à Amsterdam par les canaux de la Hollande. J'avais commencé modestement comme mousse, mais j'étais vite montée au grade de matelot de pont ; les derniers temps, je tenais même l'emploi de second.

Tout cela n'était qu'un passe-temps. La chose importante, c'était Miette et nos projets de voyage en mer. Elle avait vendu la *Perlette* à Athènes (pour la somme de soixante livres sterling qu'elle nous avait coûtée) et avait acquis en 1925 à Marseille un bateau de plus grandes dimensions : le *Bonita*. Ce très vieux yawl acheté à bas prix devait servir de bateau d'entraînement jusqu'au jour où nous pourrions nous lancer « pour de bon ».

Miette, sa sœur Yvonne, Patchoum et moi-même, nous fîmes le voyage de France à Athènes en nous arrêtant en cours de route dans des ports de Corse, de Sardaigne, de Sicile ; puis, suivant les traces d'Ulysse, nous fîmes voile sur les îles Ioniennes et sur Ithaque. Sur notre route, au cours de deux rencontres avec la Marine britannique, nous eûmes l'occasion d'apprécier la merveilleuse hospitalité et la gaieté qui caractérisent les officiers de Sa Majesté. Parfois, nous avions le mal de mer, et une fois, en traversant l'Adriatique par mauvais temps, le pic du *Bonita* se cassa. Mais nous étions enchantées. Pour terminer l'été, nous passâmes six semaines en Crète, près d'un village, à faire des fouilles archéologiques sous les ordres de Patchoum.

Nous nous sentions désormais de force à affronter l'Atlantique si Miette arrivait à trouver le bateau dont nous avions besoin pour une telle entreprise. Nous partirions l'année suivante à la belle saison, et nous prendrions bien soin de n'en rien laisser soupçonner à nos familles.

Après des recherches dans tous les ports de France, Miette trouva enfin le bateau de nos rêves en Bretagne, un solide pilote du Havre, que nous transformâmes en un yawl appelé *Atalante*. Nos préparatifs se poursuivirent pendant deux mois. A titre d'essai, nous fîmes une semaine de pêche au thon dans le golfe de Biscaye. Notre équipage se composait de Miette, qui était capitaine, Patchoum, une de ses amies et moi-même. Bien que le bateau et son gréement fussent plutôt pesants et que notre nouvelle recrue eût le mal de mer presque tout le temps, nous nous sentions prêtes.

Et nous partîmes.

Au bout d'une semaine, nous étions de retour, car Miette était tombée sérieusement malade. Elle manquant, nous étions à court de bras pour la manœuvre, et ne sachant comment la soigner, force nous était de la ramener à terre. Ce fut probablement le jour le plus triste de ma vie. Pendant quelques semaines encore nous naviguâmes en mer, évitant prudemment de nous éloigner des côtes, dans l'espoir que notre capitaine se rétablirait bientôt. Mais sa maladie dura des mois et, par la suite, l'effort demandé par une croisière lui fut interdit.

Du coup, j'étais paralysée. J'avais toujours pris soin d'habituer mon esprit à l'idée que notre grand rêve pouvait ne pas se réaliser et que je pourrais être obligée de chercher du travail à terre ; mais jusque-là, je n'avais rien fait d'autre que de me préparer à vivre en mer.

Dans l'incapacité complète de rompre les liens qui m'attachaient à la mer, j'étais entièrement démoralisée. Je ne pouvais rien entreprendre sérieusement. Pendant quelque temps, à Paris, je fus dactylo ; je tins un rôle au studio des Champs-Élysées et ensuite dans un film tourné en montagne. Mais je savais bien que ces occupations n'étaient que temporaires ; elles n'étaient qu'un gagne-pain provisoire qui m'aiderait à vivre jusqu'au jour où je trouverais quelque chose en quoi j'aurais foi.

La seule tentative que j'aie faite alors avec quelque esprit de suite fut la production de films documentaires. Dans un film on pouvait condenser et capter la lente beauté de la mer, des Alpes, de la neige... le savoir-faire des pêcheurs et des guides. Cela en valait la peine ; jamais jusque-là on n'avait bien représenté ces choses et je me sentais apte à le faire. J'appris à me servir d'une caméra standard ; la Compagnie Gevaert me donna un millier de mètres de pellicule négative et je m'en servis pour filmer notre vie à bord de l'*Atalante*, en ayant recours pour les prises de vues difficiles à un opérateur professionnel, Jean Grémillon. Plus tard, j'ai cherché dans trois pays une firme qui accepterait de financer mes scénarios. Mais comme ils n'avaient pas d'intérêt du point de vue commercial, cela n'a jamais abouti.

Excepté quand j'étais en mer ou quand je faisais du ski, je me sentais perdue, je ne vivais qu'à moitié. Tout ce que je voyais, tout ce que je lisais, me déprimait. La « dernière des guerres » avait amené à sa suite des compromis, des idéaux artificiels et des palabres qui n'arrivaient pas à établir une paix véritable. Le malaise croissant et l'insécurité semblaient confirmer ce que Spengler avait appelé le « déclin de l'Occident ».

Pendant ce temps, une fraction de l'Europe, la Russie, semblait avoir échappé au marasme général. Il semblait bien qu'à l'Est quelque chose de neuf fût en train de surgir — encore qu'il y eût sur la valeur de l'expérience des divergences d'opinion. Pourquoi n'irais-je pas là-bas ? Il ne pouvait être question de prendre tout simplement un billet pour Moscou, afin d'aller voir si la vie y avait plus de sens qu'en Europe occidentale : je n'avais ni l'argent ni les visas nécessaires. Mais un livre français, *l'Autre Europe, Moscou et sa foi*, allait devenir l'intermédiaire dont j'avais besoin. Vues de loin, au moment où j'écris, les circonstances semblent s'être succédé dans un enchaînement régulier. Mais, en réalité, je passai à Paris beaucoup de semaines ternes et vides, avant d'aller enfin me présenter hardiment chez l'auteur de ce livre, Luc Durtain. Je lui exposai les idées qui m'étaient venues et lui demandai s'il était déraisonnable d'aller en Russie sans avoir soit des ressources personnelles, soit une profession. Il m'encouragea : quelles que dûssent être mes impressions, c'était une expérience à ne pas manquer ; et il m'aida à entrer en contact avec l'ambassade soviétique en vue d'obtenir un visa. Ce ne serait pas facile ; de toute façon, peu de gens étaient admis dans ce pays mystérieux et mon cas était particulièrement difficile, parce que la Suisse, ayant refusé de « reconnaître » les Soviets, n'avait pas avec eux de relations diplomatiques.

Tel fut le commencement de mes efforts pour accomplir un voyage vers l'est — mais il devait se passer longtemps avant que mon vœu pût se réaliser. J'attendis le visa pendant des mois et je finis par renoncer à tout espoir de recevoir une réponse à ma lettre.

N'ayant rien de mieux à faire, j'allai en Allemagne, non seulement pour y apprendre une troisième langue, mais pour me mettre en rapport avec des producteurs de films documentaires. C'était un espoir bien naïf, étant donné que je débarquais à Berlin sans recommandations et sans argent pour me pousser dans les cercles influents. Je parvins à obtenir un ou deux rôles de figurante à la UFA au moment où Marlène Dietrich, alors inconnue, jouait dans *l'Ange bleu* au studio voisin.

Ayant obtenu l'adresse du docteur Fanck, le fameux metteur en scène de drames de montagne, je lui offris mes services, soit comme assistante, soit comme actrice. Mais il me dit qu'il n'avait besoin de personne d'autre que de Leni Riefenstahl.

Beaucoup d'acteurs et de techniciens qui travaillaient dans les studios étaient des réfugiés russes qui n'auraient pas été en sûreté sous les lois soviétiques ; je fis la connaissance de quelques-uns d'entre eux, en particulier de Véra. Quoique très pauvre, elle tenait maison ouverte et offrait à ses hôtes du pain, des saucisses et du thé. Quelquefois son mari, chauffeur de taxi, ramenait au milieu de la nuit des amis maigres, pâles et fatigués, et je compris alors que l'hospitalité russe peut être, malgré des ressources très réduites, large et chaleureuse.

Ils avaient tous le mal du pays et souffraient de ce qu'ils considéraient comme l'étroitesse d'esprit des nations occidentales. Peu d'entre eux avaient de bonnes situations ou même l'espoir d'en acquérir une, mais ils ne se plaignaient jamais. J'étais pour la première fois témoin de leur capacité de supporter une vie dure, mais je n'arrivais pas à comprendre à quelle source ils puisaient une telle patience. Ils me dirent que j'étais folle, quand ils apprirent que j'avais envie d'aller à Moscou. Seule, Véra prenait mon parti, car elle croyait à mon impartialité et en concluait que je pourrais leur dire exactement comment étaient les gens et les choses dans leur capitale.

A Berlin, le plus clair de mon temps se passait à aller en autobus et en train d'un faubourg à un autre. Je donnais des leçons d'anglais à des adultes et à des enfants. Je préférais ces derniers, car on m'invitait à leur goûter, ce qui m'économisait le prix d'un repas le soir ; dans ma chambre, le matin, je faisais cuire du porridge.

Ma vie était plutôt misérable, mais j'aimais mieux vivre d'espoir et ne pas regarder la réalité en face. Bien entendu, j'avais toujours la ressource de trouver un abri à la maison, chez mes parents, si mes conditions d'existence n'étaient plus supportables ; et, quand je comparais la situation de ces Russes à la mienne, au lieu de m'apitoyer sur moi-même, je me sentais reconnaissante. Mais j'étais isolée, je n'avais pas d'amis avec qui partager ce sentiment qui me faisait toujours en revenir à ceci : « On ne peut pas vivre seulement de pain, comme la plupart des gens semblent le croire, dans notre Europe matérialiste. »

Tous les dimanches heureusement, je m'entraînais à jouer au hockey, avec la première équipe du Sport Club Charlottenburg. A Noël, je devais passer une amusante semaine avec quelques-uns de ses membres dans la neige des Riesengebirge. Là, pour la première fois, voyant quelle grande différence il y avait entre ces montagnes aux sommets arrondis et celles que je connaissais dans mon pays natal, l'idée me vint qu'il pourrait être amusant de visiter les centres de ski d'autres pays.

Une dernière fois j'essayai d'écrire à l'ambassade soviétique en donnant mon adresse à

Berlin : le visa désiré me parvint au bout d'une semaine !

Mais en ce qui concernait l'argent, je n'étais pas encore prête au départ. En économisant chaque sou tout le long de l'hiver, je n'avais réussi à « capitaliser » que dix livres sterling, sur lesquelles il fallait en prévoir trois pour mon voyage en troisième classe. Mon père se serait certainement opposé à mon projet, il m'était donc impossible d'avoir recours à lui.

Mais Charmian London, qui avait été la femme de Jack London et à qui Alain Gerbault avait donné mon adresse, me témoigna beaucoup de bonté. Elle voyageait en Europe pour faire une tournée chez les éditeurs de son mari et je lui avais tenu compagnie pendant son séjour à Berlin. Elle me donna cinquante dollars. J'achetai un dictionnaire russe et le jour suivant je roulais à travers les plaines de la Prusse orientale, à la veille de pénétrer dans un État maudit par les uns et immodérément vanté par les autres.

CHAPITRE IV

Moscou

Les gens sans profession, ou qui n'avaient aucune spécialisation, n'étaient pas pris au sérieux par les nouveaux Russes. Je ne pouvais pas leur dire : « Je suis venue voir quel est votre genre de vie et je resterai s'il me satisfait. » Je ne pouvais pas non plus passer pour touriste vu ma situation pécuniaire. Aussi, j'avais décidé d'écrire un livre sur les films russes. En Europe occidentale, nous n'avions vu que quelques chefs-d'œuvres de Poudovkine ou d'Eisenstein, mais personne ne savait à quel point la production ordinaire des studios était originale.

En second lieu, je m'intéressais à l'organisation des sports : je tenais à me mêler à la jeunesse qui n'avait pas subi l'influence du régime précédent. Ces deux sujets d'étude étaient de tout repos : ils ne risquaient pas de m'entraîner dans des discussions politiques et me servaient de bouclier, derrière lequel pouvaient se cacher mes recherches personnelles sur la vraie vie russe.

Je ne savais rien du marxisme ni du léninisme ; je savais seulement que les Russes avaient pour ambition d'éviter les fautes du système capitaliste et étaient fiers de construire ce qui, à leurs yeux, était les fondations d'un monde nouveau.

En sortant de la gare à Moscou, je vis une vaste place vide où l'on n'apercevait aucun « isvochtchik » et moins encore de taxi. Comme je voulais me débarrasser de ma lourde valise, je cherchai « consigne » dans mon dictionnaire et j'essayai le mot russe en m'adressant au premier passant : cela réussit ! Il m'indiqua un abri où beaucoup de paysans faisaient déjà la queue. J'y pris rang ; ce fut ma première queue — mais pas la dernière : je devais avoir maintes occasions de m'habituer à ce passe-temps typiquement russe.

Ensuite, j'achetai un plan de la ville afin de découvrir quel autobus je devais prendre pour aller vers le centre. C'est là que se trouvaient la plupart des hôtels, mais tous étaient pleins. J'en avais choisi un dans lequel j'avais retenu une chambre par télégramme depuis trois jours, mais ce fut en vain que je le dis à l'employé. Quand enfin j'eus trouvé un lit — à un prix exhorbitant —, j'étais affamée et morte de fatigue. Dans une salle à manger douteuse, je commandai des œufs et du pain en montrant du doigt ce que l'on servait à côté de moi.

A cette époque, il était très difficile de trouver à se loger. Le surpeuplement des maisons de la capitale était un inépuisable sujet de plaisanteries. J'entrai en rapports avec VOKS, une société destinée à favoriser les relations culturelles entre Russes et étrangers ; accompagnée de leur interprète, je visitai d'étranges appartements qui ne pouvaient me convenir. A la fin, je me rendis à une adresse qui m'avait été envoyée par Jessie, une jeune Américaine qui avait joué jadis dans mon équipe de hockey.

Jessie était partie depuis longtemps, mais je trouvai une dame aux cheveux blancs qui parlait aussi bien le français que l'anglais. C'était une grande dame qui appartenait à l'une des familles russes les plus connues ; à cause de la célébrité de son beau-père (Léon Tolstoï), on ne l'avait pas dépossédée de son modeste appartement. Mais il lui fallait le partager avec une autre famille, ne gardant que deux pièces pour elle-même, sa fille et sa petite-fille. Quand je lui demandai conseil, elle scruta ma physionomie de ses intelligents yeux noirs et prit pitié de moi, ce qu'exprima le petit sourire amusé qui anima son visage : je pouvais occuper un lit étroit si cela m'était égal de partager une petite chambre avec sa nièce qui ne revenait à la maison que le soir. C'est ainsi que je trouvai un logis sûr ; non seulement je vivais avec des gens sympathiques, mais, détail important, j'avais la permission de me servir du fourneau à gaz. Pour pouvoir rester quelques mois en Russie, en effet, il fallait que je fasse moi-même ma cuisine et que je vive aussi économiquement que possible.

Mes premières impressions furent très vives. A cette époque la plupart des rues n'étaient que grossièrement pavées, les maisons n'étaient même pas alignées, quelques-unes seulement avaient plus de deux étages et dès qu'on s'écartait du centre de la ville, la plupart étaient en bois. Presque chaque rue avait sa petite église, avec une coupole en forme d'oignon ; et je les imaginais tristes d'être utilisées à d'autres fins que la gloire de Dieu.

Les foules, en général, avaient l'apparence d'une masse grise dans laquelle on ne distinguait ni couleur ni signe particulier. Une mise standard dominait et au premier abord on trouvait curieux de ne discerner aucune marque extérieure de rang social. Mais dès que j'eus cessé de réagir selon les habitudes prises chez moi, je me mis à aimer cette indifférence des Russes pour le vêtement. Quand les apparences n'ont aucune importance, les gens se regardent droit dans les yeux et paraissent se souvenir que c'est l'être intérieur qui compte. Et quel soulagement de pouvoir se vêtir de n'importe quelle vieille loque en sachant que personne ne le remarquera.

Quant à la vie, on peut la décrire d'un mot : c'était un combat continuel. Il y avait un trop grand nombre d'habitants dans cette ville qui ne s'était pas agrandie à la vitesse nécessaire après être devenue la capitale de cent soixante millions d'hommes. Il fallait se battre pour monter dans un tram surchargé de grappes humaines, se battre pour en sortir, se battre pour attirer l'attention dans un magasin ou un bureau, se battre pour atteindre la personne que l'on avait besoin de voir, se battre au restaurant populaire pour obtenir une place et une assiette avec quelque chose dedans, se battre chez le boulanger pour faire passer son ticket sur le comptoir avant que tout le pain ne soit distribué.

On revenait chez soi le soir exténué, avec un manteau dont plusieurs boutons avaient été arrachés. Les jeunes paraissaient prendre plaisir à cette vie ; leurs aînés pas du tout. Néanmoins, quand une dispute s'élevait, il se trouvait généralement un loustic pour faire rire la foule. Je comprenais maintenant pourquoi à l'ambassade soviétique, à Paris, on m'avait avertie que je trouverais des habitudes bien différentes de celles que je connaissais et qu'il était douteux que je puisse m'y adapter. Mais j'étais captivée par l'atmosphère générale pleine de sérieux ; et en pareil cas, les détails matériels, si importants quand on s'ennuie, disparaissent à l'arrière-plan.

J'arrivai à Moscou à l'époque de la première « olympiade théâtrale ». Chaque république de l'URSS avait envoyé une compagnie chargée de donner les meilleures pièces de son répertoire. On projetait en même temps plus de soixante films russes. Je n'aurais rien pu souhaiter de mieux ; et j'assistai à toutes ces représentations au « parc de Culture et de Repos » le long de la Moskova, où l'on allait nager et ramer. Puis, tous les soirs en ville, on donnait des pièces dans le style de leur pays d'origine. Chaque troupe jouait dans son langage habituel : les Bachkirs de l'Oural, les artistes juifs de l'Ukraine, les inoubliables Géorgiens du Caucase ou les Ouzbeks de Tachkent avec leurs kaftans aux vives couleurs. Pour les Moscovites aussi bien que pour moi, il fallait savoir deviner le sens général, si on voulait suivre l'action.

Ces spectacles étaient comme un sommaire de l'immense pays que je commençais tout juste à découvrir et ce fut à partir de ce moment que je pris conscience de sa diversité. Je n'en étais pas encore à tirer des plans pour le visiter, mais c'était vers l'immensité des terres que mon attention désormais était attirée.

Suivant toujours mon programme, je continuai à étudier les films russes, même après « l'olympiade » : je passai bien des heures au « Sovkino » dans une toute petite chambre à projections. Mes notes s'amoncelaient. J'avais vu défiler beaucoup de sites merveilleux et j'avais rencontré des cinéastes de retour du Kamtchatka glacé, du Turkestan torride, de la Mongolie balayée par les vents ou de la Sibérie boisée : il y avait tant de choses qu'il me paraissait urgent de savoir et de comprendre qu'une vie entière semblait trop courte pour y parvenir.

Je fus admise sans difficulté à accompagner des metteurs en scène ; et soit dans les studios, soit à l'extérieur, je vis de quels moyens simples ils disposaient et quelle intelligence ils déployaient pour obtenir une merveilleuse simplicité dans le jeu. Poudovkine travaillait alors à *la Vie est belle* ; il me dit que les acteurs choisis parmi des gens quelconques étaient en général meilleurs que les professionnels.

La plupart des cinéastes que j'eus l'occasion de rencontrer parlaient français ou anglais, ce qui me facilitait les choses. Mais il n'en fut pas de même quand je visitai les stades.

Je voulais me joindre à un club sportif : non pas l'élégant Dynamo où allaient les étrangers, mais un club où je pourrais rencontrer des Russes moyens. C'est ainsi que je devins membre du Pishiviki ou « Club des travailleurs de l'alimentation ». Leur stade n'avait rien d'un théâtre de parade et sur la piste les mauvaises herbes avaient commencé une course pour leur propre compte ; mais j'appréciais son atmosphère reposante au sein de la ville enfiévrée.

Un jour, pendant que je m'exerçais au saut en hauteur avec un moniteur optimiste qui croyait que je comprenais son russe, Maroussia vint à moi. Je compris qu'elle me demandait d'aller ramer avec elle et je répondis oui tout de suite, croyant qu'il s'agissait seulement d'un tour en bateau de location sur la Moskova. Mais quand nous arrivâmes à une île située au cœur de la ville, je vis avec surprise de robustes filles portant au-dessus de leur tête un yole à huit rameurs qu'elles placèrent adroitement sur des tréteaux, sous un hangar. Une autre jeune fille était en train d'avancer son skiff contre un ponton.

La rive était ombragée par des arbres et le soleil transformait la rivière en un éblouissant miroir lumineux. C'est avec délices que je me retrouvai près de l'eau et sans plus attendre je m'y plongeai, ainsi que Maroussia. Au premier étage de la maison servant de vestiaire, au buffet, on distribuait thé, pain, fromage, pommes de terre en salade et concombres, une véritable aubaine dans une ville où il était si difficile de se procurer un repas.

Je m'attachai à ce coin suranné de Moscou et à Fedia, notre entraîneur, un enthousiaste plein d'énergie quoique maigre et surmené ; à Shura et Olga, deux amies qui suivaient des cours du soir après leurs longues journées de travail dans une fabrique de bonbons ; à Serge, le beau champion dont j'étais censée être éprise, et au sujet de qui on me taquinait sans cesse. Le plus intelligent de tous était Obolenski, grand et élégant avec son sourire ironique ; il savait que son sang aristocratique jouait contre lui et que, même s'il avait de grands dons, il ne pouvait avoir aucun espoir de réussir dans la vie.

Glissant sur l'eau, souquant avec ensemble sur nos avirons, nous traversions l'ombre fraîche du pont, nous dépassions le parc de la Culture, défiant un autre « huit ». Nous allions habituellement jusqu'à la montagne de Lénine, où, après l'effort, nos corps se détendaient sous les ombrages. A la saison froide, c'était là que mes amis venaient faire du ski et on m'emmena voir l'échafaudage squelettique du tremplin de saut.

Ne pourrais-je pas donner des leçons de ski en hiver et, en été, enseigner le hockey aux jeunes filles de Moscou ? Car si je décidais de rester en Russie plus de cinq ou six mois, il me faudrait gagner de quoi vivre. Mais pour obtenir un poste de monitrice, il fallait passer les examens du collège des Sports. Envisageant cette éventualité, j'allai voir des étudiants, plus jeunes que moi d'une dizaine d'années : je découvris que, quelles que fussent mes capacités, j'aurais à faire trois ans d'études destinées à me faire assimiler l'idéologie communiste : « Le but des sports n'est pas de créer quelques champions comme dans les pays capitalistes, mais de développer les poumons des masses afin de les rendre aptes à défendre leur patrie en temps de guerre. »

Retourner à l'école pour trois ans ne me disait rien. J'avais alors vingt-sept ans et j'abandonnai l'idée de trouver du travail. Peut-être avais-je vécu trop longtemps de la vie confortable de l'Europe occidentale et, sans m'en rendre compte, me fatiguais-je de la vie ascétique des prolétaires ; ou bien, n'ayant jamais été jusqu'ici qu'une égoïste invétérée, ne parvenais-je pas à faire abstraction de moi-même et à penser selon l'esprit communautaire... Ce dut être surtout la fatigue qui détermina ma réaction : personnellement, je n'avais pas à me plaindre des Soviets, mais je comprenais bien les gens âgés qui ne se lassaient pas de faire des comparaisons avec la vie « d'autrefois », au temps où les magasins étaient bien approvisionnés.

J'avais envie de m'échapper de Moscou où je commençais d'être sensible à la poussière, à la misère envahissante, à la chaleur de l'été.

Mais comment pourrais-je voyager dans le pays et apprendre à connaître ce qui en est l'armature, les paysans ?

En regardant la carte, je remarquai le grand

nombre de voies fluviales et je fis le projet d'aller en train jusqu'aux monts Oural pour descendre en kayak l'Oufa, la Kama et la Volga. J'allai voir trois Allemands qui possédaient, disait-on, un canoë. Mais ils venaient de s'en défaire et étaient en train de construire un petit yacht à voiles qui devait les emmener jusqu'en mer Noire et jusqu'en France par la Méditerranée. Quand ils surent quelle était mon expérience de la navigation, ils me demandèrent de me joindre à eux. Mais on ne voyait vraiment pas comment nous aurions pu tous passer les nuits à bord du petit *Malik*. Ils me dirent alors d'aller au bureau qui organisait les vacances des ouvriers et des étudiants : on m'y donnerait d'utiles conseils. Le Sovtourist proposait l'étude de diverses régions intéressantes.

Finalement, je demandai à faire partie d'un groupe qui partait pour les hautes vallées du Caucase. Ce voyage de six semaines coûterait cent dix roubles, y compris la location d'un âne pour la traversée des cols de montagne et le prix du bateau sur la mer Noire.

CHAPITRE V

Le Caucase

Les montagnes m'attirent. Il suffit que je pense à elles pour que l'odeur des sapins semble tenter mes narines, pour que mes yeux désirent un sommet blanc d'où la neige s'élève en tourbillons étincelants, que mes oreilles croient entendre la rumeur du torrent et que mes poumons se dilatent de joie.

Mais, au moment de partir pour le Sud, j'avais encore d'autres raisons de me réjouir intensément de ce voyage, car l'écrivain Sergueï Tretiakov m'avait décrit ce que j'allais voir.

Les seuls cols par lesquels on franchit le massif central du Caucase, cette chaîne de mille kilomètres qui s'étend de la mer Caspienne à la mer Noire, sont tous situés à plus de trois mille mètres d'altitude. Ils ne sont ouverts que pendant les trois mois d'été et, même alors, ne sont fréquentés que par les bergers. Isolée du reste du monde et limitée au nord et au sud par des chaînes de montagne, la haute vallée de l'Ingur, est restée pratiquement indépendante ; on l'appelle la Svanétie libre. Ayant dû se frayer un chemin dans une gorge verticale, la rivière ne pouvait alors servir de moyen d'accès. Pendant bien des années, les Svanes étaient restés dans une bienheureuse ignorance de la révolution bolchevique, et un conseil soviétique venait à peine d'être établi dans les principaux villages.

Mais que pouvaient signifier les idées de Lénine pour ces montagnards qui parlaient un ancien dialecte géorgien, qui ignoraient l'usage de la roue, et dont la religion était encore chargée de légendes antérieures au christianisme ?

Certains historiens ont longtemps considéré le Caucase comme le berceau de la race blanche ; cette contrée est certainement un musée vivant de races, de croyances, de langages. Les diverses tribus qui cherchèrent à s'y abriter des invasions prospérèrent dans les vallées cachées que cernaient des montagnes inaccessibles.

Notre groupe n'était pas composé d'alpinistes mais d'étudiants désireux de voir à quoi ressemblait cette région isolée de leur pays. Nous devions suivre le pied de l'Elbrouz, plus haut que le mont Blanc de quelque huit cents mètres, et, ensuite, en traversant le pays jusqu'en Svanétie, descendre par la Géorgie pour atteindre la mer Noire à Batoum.

Nous étions douze jeunes gens et jeunes filles

sous la conduite de Lubimov, un officier de l'Armée rouge. La tranquille pianiste Vera et un nommé Glass parlaient tous deux un allemand hésitant. Ils étaient les seuls avec qui je pusse m'entretenir, et pendant tout le voyage la plupart de mes questions restèrent sans réponse, car j'étais encore bien faible en russe. Notre équipement se composait seulement d'un sac de montagne avec couverture, chandail et imperméable, d'un quart, d'une cuiller, d'un couteau, de crampons pour le passage des glaciers. Nous fîmes caisse commune et toutes les dépenses furent également réparties entre nous.

Nous roulâmes quarante-huit heures dans le train qui nous emportait vers le versant nord du Caucase, vivant d'eau, de pain et de melons.

Du wagon on voyait quelquefois de petits villages tranquilles aux toits de chaume, aux murs blanchis à la chaux, où de longues perches se balançaient au-dessus des puits ; des filles aux pieds nus, des mouchoirs noués sous le menton, travaillaient aux champs.

A Naltchik, la petite capitale de la République de Kabardino-Balkarie, nous devions louer des charrettes qui nous amèneraient jusqu'à la chaîne que nous n'avions pas encore aperçue. Au « Centre de tourisme », quelques tentes étaient plantées dans une cour ; nous pûmes y dormir tranquilles pour la première fois depuis notre départ, car jusqu'alors il y avait des voleurs partout et il nous avait fallu monter la garde à tour de rôle.

Nous avançâmes cahin-caha dans des charrettes, d'abord à travers une plaine uniforme où il n'y avait rien à voir. Au bout de deux jours, tournant à angle droit en direction du sud, nous suivîmes la rivière Baksan. Petit à petit, la steppe se transformait en une vallée morne, désolée, poussiéreuse. Dans l'atmosphère déjà asiatique (la pluie est rare dans cette partie du monde), le premier village que j'aperçus ressemblait à un escalier taillé pour des géants — chaque toit plat formait une terrasse devant une autre maison placée plus haut.

Les habitants sont d'origine turque ; ils portent sur la tête un volumineux kalpack fait d'une toison de mouton ; parmi les maisons, la mosquée est signalée par le croissant de l'islam qui la surmonte.

A Urusbieh, le principal village qui se rencontrât sur notre route, la vallée était déjà étroite ; aux premières heures du matin, nous distinguâmes un glacier au loin vers le sud. Beaucoup de mes compagnons ne voulaient pas me croire quand je le leur montrai ; ils n'avaient jamais vu de glacier et s'attendaient à tout autre chose. Finalement, la vallée prit un aspect alpin, le sentier commença de serpenter à travers les sapins et le Baksan devint un torrent argenté. Tout ce que nous pouvions voir de la chaîne pour le moment, c'était d'immenses éperons escarpés sur lesquels s'arc-boutaient des sommets plus élevés : comme il fallait longtemps pour en approcher ! Tout était sur une plus grande échelle qu'en Suisse ; il nous avait fallu cinq jours pour arriver de Moscou au Caucase ; par comparaison, Berne, Paris et même Berlin paraissaient à deux pas des Alpes.

Nous atteignîmes Teguenekli, le dernier hameau de la vallée situé au confluent de deux torrents. Vers l'ouest partait le sentier qui conduit à l'Elbrouz, encore invisible des profondeurs où nous nous trouvions ; un autre sentier se dirigeait vers le sud et vers la Svanétie en franchissant le col facile du Dongus Orun ; la plupart de mes compagnons devaient emprunter cette route. Mais trois d'entre eux et moi-même étions plus ambitieux ; nous avions choisi un col plus élevé d'où nous espérions avoir une vue plus complète sur l'imposante chaîne du Caucase.

Nous suivîmes donc un vallon remontant vers l'est, et nous grimpâmes lentement pendant toute la journée, jusqu'au-dessus de la limite des arbres. Ici nous fûmes pris soudain dans une tempête de neige ; en luttant contre elle, nous parvînmes à regagner un endroit où quelques bergers se serraient autour d'un feu. Ils nous donnèrent de l'*eiram*, délicieux lait caillé qui prend à la fumée du pin une saveur particulière. Ces bergers portent une longue cape de feutre raide, la *burka*, qui peut à volonté servir de manteau, de couverture ou de tente.

La nuit, enroulée dans une de nos minces couvertures de coton, je grelottais, mais je ne voulais pas me plaindre tant que Lubimov ne disait rien. Le jour suivant, nous décidâmes de renoncer à suivre cette route ; il était tombé beaucoup de neige pendant la nuit : les crevasses du glacier, dont beaucoup étaient cachées, présentaient, dès lors, un trop grand danger.

De retour à Teguenekli, nous trouvâmes Naveriani, un Svane civilisé qui s'en retournait chez lui par le col de Betcho, après être allé à Naltchik pour affaires. Il nous dit qu'au mois de janvier prochain, on devait pour la première fois, en hiver, tenter de relier cette vallée au reste du monde ; quelques skieurs exercés se proposaient de passer par le col de Betcho. Peut-être les skis allaient-ils bientôt libérer les Svanes de la tyrannie de l'hiver, comme ils en avaient affranchi les Suisses, trente ans auparavant ?

Les pentes du Betcho sont raides, et pour gagner les trois mille cinq cents mètres d'altitude du col, nous eûmes à faire une rude montée ; à chaque pas, nous découvrions de nouvelles montagnes, des champs de neige, des pics rocheux, d'altières crêtes et des chaînes lointaines ; enfin, l'Elbrouz se dressa au nord-ouest, avec ses deux cônes symétriques : c'est un volcan éteint, seul de son espèce, et il est plus haut que tous les pics qui l'environnent. Malgré la cabane que l'on trouve à mi-chemin, ce doit être extrêmement monotone de faire l'ascension de son sommet principal, situé à cinq mille six cent vingt-neuf mètres d'altitude.

M'étant attardée à prendre des photographies, je me trouvais en arrière des autres, parmi des chèvres qui broutaient. J'avais déjà passé à côté du chien de berger, un bel animal noir, lorsque je l'entendis gronder derrière moi, et tout à coup il me transperça le mollet de ses dents puissantes. J'eus horriblement mal ; je m'assis sur une pierre et tout en essayant de retenir mes sanglots, j'examinai les dégâts : la mince étoffe de mes salopettes était déchirée, et en les soulevant, je vis deux trous bien nets qui avaient traversé l'épaisseur des muscles. Posté à une certaine distance, le féroce animal me regardait calmement ; je me demandais s'il était enragé. Je n'ai pas peur des chiens, et croyant que celui-ci sentirait mes dispositions amicales, je m'étais avancée vers lui sans méfiance. Par la suite, en discutant la question, nous en vînmes à la conclusion que mon long bâton avait dû l'effrayer.

Que fallait-il faire ? Rebrousser chemin à petite allure ? Non, pas question ! Il me fallait continuer à tout prix, même si cela m'obligeait à faire semblant de ne pas souffrir. Comme j'attachais un mouchoir autour de ma plaie, apparut Naveriani, qui était parti de Teguenekli bien après nous. Voir son visage souriant sous le chapeau cônique en feutre blanc qui est le couvre-chef ordinaire des Svanes me remonta un peu le moral ! C'était un courageux montagnard, mais je pouvais être digne de l'accompagner et je tenais à le lui montrer. Il m'aida à faire le pansement, héla les autres pour leur dire de nous attendre et m'accompagna tandis que je clopinais de l'avant.

En faisant les premiers pas, il me sembla que chaque fibre de ma jambe se déchirait, mais en se réchauffant, la chair retrouva son élasticité ; j'écartai toute inquiétude en voyant que je serais certainement capable d'arriver le soir même dans notre premier village de Svanétie.

Le panorama était saisissant. Au loin, vers le sud, au-delà de la Svanétie et de la chaîne parallèle du Leila, se trouvait la Géorgie, la terre prospère où Jason était venu en quête de la Toison d'or. Vers l'ouest, dans la direction de la lointaine mer Noire, la vue était limitée par le groupe sombre du Dongus Orun. A l'est, les montagnes se succédaient, saturées de silence, dans cette atmosphère propre aux espaces élémentaires que les hommes ne fréquentent pas.

Après la passe, il fallait dégringoler dans un éboulis interminable et raide. Le talon de ma jambe blessée était incapable de freiner, il fallait l'épargner par un moyen quelconque. En me servant d'une seule jambe et en m'appuyant sur mon long bâton, j'adoptai une technique de glissade rapide sans chercher à faire de zigzags ; le seul inconvénient fut que le genou de ma bonne jambe commença à être douloureux et à enfler. Pendant des heures, nous traversâmes un monotone paysage de rochers. Un plafond de nuages nous cachait le fameux Oujba, le pic le plus imposant de la chaîne, le « Cervin du Caucase ». Enfin apparurent les premiers buissons, puis des arbres isolés, ensuite des pâturages, des champs et quelques kilomètres plus loin, Maziere, dont les hautes tours étaient en partie cachées par le brouillard.

J'étais enfin devant ces « tours de guet » qui sont une des particularités de la Svanétie ; ce sont de très hauts bâtiments carrés, en pierre sèche, aux murs aveugles percés de quelques meurtrières à leur sommet, qui flanquent la plupart des maisons et des huttes. Leur silhouette caractéristique évoque les luttes des siècles passés.

Une famille svane nous accueillit en nous offrant du miel et des amandes dans des écuelles de bois. Ensuite, on fit cuire des galettes de blé sur une dalle brûlante. Nous étions dans une salle obscure, contiguë à la tour qu'habitait la famille et qui représentait ses quartiers d'été. Mais pour dormir nous allâmes au premier étage de leur habitation d'hiver : un chalet de bois dont le rez-de-chaussée abritait les vaches.

J'admirais mes hôtes. Les femmes étaient grandes avec un teint pâle et des yeux d'or ; leurs mouvements avaient une telle dignité qu'on se reportait sans peine au temps où les femmes, en ce pays, commandaient aux hommes. Le maître de la maison était parti en expédition pour chasser le *tour* (bouquetin particulier au Caucase), chaussé du pratique mocassin silencieux des Svanes : c'est comme un chausson de cuir qu'on bourre d'herbe sèche — Naveriani en portait aussi. Il y avait un vieux qui était vêtu d'un caftan serré à la taille par une lanière de cuir.

A Mestia, le principal village de la vallée, nous rejoignîmes les autres membres de notre groupe. Là, les élèves étant encore en vacances, on nous logea dans l'école.

Nous observions, avec un vif intérêt, la vie des gens qui nous entouraient. Les seuls véhicules du pays étaient des traîneaux sur lesquels on chargeait le foin ou le bois, et qui étaient tirés par des bœufs sur des sentiers en dévers. Quant aux maisons, elles n'avaient pas de cheminées, il fallait que la fumée, pour sortir, s'insinuât entre les planches et les dalles de la toiture. A midi, on eût dit qu'un feu étouffé couvait dans le village, et que les flammes allaient jaillir d'un moment à l'autre.

J'aurais aimé séjourner quelque peu à Mestia afin de m'instruire sur sa population indépendante, ses difficultés actuelles, l'histoire et les légendes de son passé. (Par exemple, il existait jadis une étrange coutume : dès qu'un mort était enterré, on apportait sur sa tombe un coq au-dessus duquel on tenait une outre ouverte ; si le coq chantait, cela voulait dire que l'âme du défunt était entrée dans cette outre, on la refermait alors aussi vite que possible et on la plongeait dans le torrent, alourdie par une grosse pierre.) Mais il fallait partir : bien que nous ne fussions qu'en août, déjà les montagnes sombres étaient à moitié recouvertes de neige fraîche et nous avions encore à franchir un col élevé avant d'atteindre les plaines de la Géorgie.

En faisant l'ascension du Latpar, parmi les buissons de rhododendrons, nous eûmes une dernière vision de la Svanétie. Très loin, à nos pieds, on voyait Ouj-Koul, le village probablement le plus élevé du Caucase, sous la neige, d'où émergeaient seulement ses tours altières et rébarbatives. L'avenir lui réservait-il de nouveaux ennemis ?

Les nuages s'écartèrent un moment et comme je cherchais des yeux au nord les pics les plus élevés de la chaîne, je fus éblouie par la vision de sommets si audacieux qu'ils dépassaient ce que j'aurais cru possible — la pyramide blanche et aiguë du Tetnuld, les fantastiques murs de rocher du Shkhara, le groupe imposant du Dykh-Tau.

Cet après-midi-là, nous pénétrâmes dans un monde où l'on retrouvait plus de douceur : la charmante vallée du Skenis-Skali. Notre piste étroite était ombragée par des bouleaux pâles et bruissants, les noisettes étaient mûres dans les fourrés, et cette nuit-là, à notre grand soulagement, nous pûmes dormir sans grelotter. A mesure que nous descendions, le sentier s'élargissait et finissait par rejoindre une route : une nouvelle vallée s'ouvrait, dont les flancs allaient en s'écartant à chaque tournant du chemin et où des champs de maïs et des vignobles se chauffaient au soleil. En admirant les grands noyers, les pommes rouges bien mûres, les amandes et les grenades, je découvrais le monde à nouveau et j'étais émue par sa richesse.

A Orbeli, le premier gros village auquel on arriva ensuite, l'architecture a un caractère très méridional ; le premier étage de toutes les maisons comprend une galerie de bois et ce fut confortablement installés sur l'une d'elles que nous attaquâmes notre première bouteille de vin du Caucase. De là l'aubergiste nous indiqua, sur la route que nous avions suivie, l'endroit précis où Prométhée avait été enchaîné par Zeus, sur un rocher élevé...

En charrette jusqu'à Koutaïssi, en train jusqu'à Batoum, nous atteignîmes la mer Noire, annoncée par des effluves humides et chauds. De la gare, nous nous rendîmes aux bains publics, où pour la première fois depuis Moscou, nous fîmes une toilette complète. La plaie de ma jambe était encore ouverte et je voulais la montrer à un médecin. J'attendis mon tour dans un dispensaire, au milieu de femmes arméniennes qui portaient une coiffure rigide semblable à une boîte ronde et plate recouverte d'un voile noir. Un chien m'a mordu, expliquais-je au docteur : il me proposa une série d'injections antirabiques. Mais ayant compris qu'il me faudrait dans ce cas rester dix jours à Batoum, je refusai. Mes compagnons partaient en bateau le soir même et je tenais à les accompagner pour faire avec eux un séjour d'une quinzaine à Sotchi, plage renommée sur la côte nord de la mer Noire. Et nous partîmes sans avoir visité les bosquets d'orangers et les plantations de thé qui font la célébrité de Batoum.

La traversée fut peu agréable : mêlés à une foule épaisse, nous étions entassés sur le pont des troisièmes, environnés, pour dormir, de bébés qui criaient, de paniers de volailles, de moutons vivants ; mais ces gens m'inspiraient une intense curiosité : ils avaient une façon si personnelle d'envisager la vie ! Les uns portaient des turbans, d'autres des bashliks pointus en laine, bordés de galons dorés ; certains devaient venir de Tiflis et de Bakou, d'autres du Turkestan au-delà de la mer Caspienne. J'étais attirée par ce monde oriental auquel je tournais le dos, et je résolus d'y revenir un jour.

Comme toutes les villes de Russie, Sotchi était surpeuplée. Tous les hôtels, les sanatoriums, les villas des ci-devant aristocrates avaient été convertis en maisons de repos. Là où nous trouvâmes à nous loger, on groupait les gens en trois séries successives pour les repas, et pour la nuit on dépliait des lits jusque dans les corridors. Il fallait obtenir des cartes de rationnement avant de prétendre à un repas. Pour obtenir un « bon » pour une paire de souliers, il me fallut beaucoup d'obstination et le dernier argument fut mon pied que je posai sur le comptoir pour faire constater l'usure de mes semelles.

Il y avait des kilomètres de plage ininterrompue dont la mer tiède léchait le sable. On venait y laver les bœufs. Je remarquai avec curiosité, parfois avec stupeur, que les femmes, même les plus grosses matrones que l'on puisse imaginer, n'hésitaient pas à se baigner sans costume ! Avant d'entrer dans la mer, les hommes se débarrassaient de la serviette de toilette enroulée autour de leurs reins et il était visible que personne n'en éprouvait la moindre gêne. Cette habitude paraissait à tout le monde absolument naturelle, et j'appris qu'il fut un temps où même le tsar et sa cour prenaient leurs bains sans costume, pendant leurs séjours d'été, sur les plages de Finlande.

Les vacances finies, mes compagnons retournèrent à Moscou. Je décidai de ne pas bouger jusqu'à ce que ma plaie fût cicatrisée : c'est ainsi que, forcée par les circonstances, j'appris enfin à parler russe.

Quand ma jambe fut en meilleur état, je partis en bateau pour Odessa — toujours sur le pont des troisièmes. Je trouvais un plaisir nouveau à voyager seule. Nous fîmes escale dans un ou deux ports de Crimée et de Russie méridionale, mais pas assez longtemps pour aller à terre. A Odessa, et plus tard à Kiev, je visitai des studios de cinéma et j'y recueillis de nouvelles données pour mon livre. Dans ces deux villes, je pus me caser au Sovtourist et je m'y trouvai avec de jeunes étudiants très entreprenants, dont certains venaient de pays lointains comme la Sibérie.

A Kiev, le centre de tourisme occupait le monastère de la Lavra, situé au sommet de falaises escarpées ; de là on peut admirer la vaste plaine de l'Ukraine qui s'étend à l'est du

Dniepr. Beaucoup de saints sont enterrés à la Lavra, qui fut jadis un grand pèlerinage ; mais on était à l'époque de la propagande antireligieuse et les guides nous montraient comment on avait bourré et peint les cadavres de ces saints hommes pour faire croire que leurs corps étaient incorruptibles.

Dziga Vertov, un metteur en scène très connu que je rencontrai à Kiev, suivait avec grand intérêt les progrès des premiers films sonores américains. Le monde du cinéma se passionnait pour cette découverte et pendant un certain temps on put craindre que la magie des visions en noir et blanc n'en fût victime.

Le film sonore ! Il représentait une nouvelle technique à maîtriser, des possibilités imprévues ; des perspectives surprenantes s'ouvraient, de nouveaux goûts allaient se former : du coup, il ne se trouverait personne pour lire mon étude sur les films muets et je compris que jamais je ne l'écrirais. A côté de cette innovation, tous les films que j'avais vus paraissaient tout à coup démodés ; les spectateurs et les metteurs en scène se détournaient de ce passé silencieux.

A mon retour à Moscou, des lettres de Genève m'informèrent que mon père était malade et désirait me voir. Je ne tenais pas particulièrement à rentrer chez moi mais je n'avais pas non plus d'autre inclination personnelle bien puissante. Je retrouvais le fantôme du vieux problème : que pourrais-je bien faire ?

J'admirais l'élan, l'esprit de sacrifice et l'enthousiasme des jeunes Russes, en les comparant à l'indifférence déprimante de nos pays de l'Ouest. Mais je savais que je ne pourrais jamais devenir semblable à eux. Je les aimais, mais mon cœur ne pouvait les suivre sans réticences. Je ne me sentais pas dans mon élément en ce pays où l'âme est refusée à l'homme. Ils croyaient les choses étranges qu'on leur enseignait sur le reste du monde. Consacrer leurs forces à améliorer les conditions matérielles de la vie du peuple leur suffisait ; tout ce qu'on faisait était pour le Peuple. Des masses ignorantes, on faisait une sorte de divinité.

J'avais enfin appris par expérience combien cela compte dans la vie d'avoir assez de pain, deux morceaux de sucre dans son thé et une chambre bien à soi où l'on a sa tranquillité... toutes choses que j'avais longtemps considérées comme naturelles.

A partir de ce moment, mon attitude changea : au lieu de récriminer, je me mis à apprécier la valeur de chaque chose.

A Berlin, je m'en fus trouver le correspondant de l'agence Hearst pour lui demander s'il voulait un long récit sur le Haut-Caucase. En véritable Américain, ce fut le plus tôt possible qu'il exigea un article et il m'enjoignit d'écrire jour et nuit jusqu'à ce qu'il fût terminé.

Je lui apportai soixante pages dactylographiées en mauvais anglais. « Ça ne vaut rien, me dit-il, votre récit est trop simple. Vous ne dramatisez pas ; le lecteur ne passe pas par des craintes et des émotions à votre sujet. Représentez-vous votre lecteur ; ce qu'il veut, c'est être captivé, emporté bien loin de sa vie monotone et terne ! »

Ma déception ne fut pas grande, car je ne m'étais jamais crue écrivain.

CHAPITRE VI

Que faire ?

A mon retour à Genève, le public me parut désireux de savoir ce que j'avais vu en Russie. Je ne pressentais pas que chacun avait une opinion préfabriquée sur ce sujet : ce que tous attendaient de moi, c'était de nouveaux arguments à l'appui de leurs thèses. Quand je fis des conférences où je racontais ce que j'avais vu, je découvris que mes auditeurs savaient beaucoup mieux que moi comment on vivait « là-bas » : ils connaissaient en détail les horreurs des camps de déportation, la barbarie de la police secrète, le régime de travail obligatoire, etc.

Je leur répétais que je ne pouvais parler que de ce dont j'avais été témoin et que mes conférences ne consistaient pas en un résumé de tout ce qui a été écrit sur les Soviets : mais en vain !

Je fus attaquée dans la presse et accusée de faire de la propagande pour les bolcheviks : on prétendait que j'avais fait mon voyage en Russie à leurs frais. Non seulement c'était une insulte à mon désintéressement, mais après avoir vécu pendant six mois de porridge et de pain noir en comptant chaque kopek, l'amertume était grande de découvrir que les gens ne voulaient pas croire à l'indépendance de mes opinions. Mon père, affaibli, était attristé de voir que, même après la publication de ma réponse dans les journaux, quelques-uns de ses amis continuaient à lui battre froid. Ces incidents me furent sensibles à cause de lui, surtout, et j'en tirai une leçon : ne jamais écrire ni parler sur des sujets touchant aux questions politiques qui, après tout, ne m'intéressent pas.

Je m'orientais au contraire dans une autre direction : je souhaitais pouvoir, dans quelque coin reculé de la Terre, partager la vie d'êtres primitifs, encore purs de tout contact avec notre matérialisme insensé. Le Turkestan et l'Asie centrale exerçaient sur moi un attrait invincible, inspiré par mes lectures. Aller vivre parmi les nomades, dans les steppes, et devenir un enfant de la nature, quelle joie ! Mais comment faire ? Bien que j'eusse de nouveau navigué sur le *Volunteer*, la mer ne m'accaparait plus. Plus jamais je n'y trouverais de quoi remplir ma vie, maintenant que Miette était mariée et avait vendu le bateau de nos rêves.

Oui, j'entendais l'appel de la Terre vaste et

sauvage ! Incapable de comprendre ce qui se passait dans l'Europe chancelante, accablée par l'anarchie latente dans toutes nos capitales, je n'avais envie que de fuir ; je ne me sentirais à l'aise que dans une vie active où l'on est dispensé de penser.

A Paris, je voyais souvent notre vieil ami Alain Gerbault. Il avait réalisé son étonnante croisière solitaire autour du monde ; son vaillant *Firecrest* dont il avait fait don à la Marine avait été remorqué en direction de Brest et coulé, par suite de négligences, en cours de route ; et il avait commandé un merveilleux bateau neuf. Ses livres se vendaient bien, ce qui lui permettait de s'équiper au mieux pour sa navigation solitaire ; et il se trouvait maintenant prêt à partir une fois de plus pour la Polynésie.

J'aimais l'accompagner au chantier de Sartrouville, sur la Seine, et dans un coin de mon cœur subsistait l'espoir de posséder moi aussi un bateau, quelque bienheureux jour.

Le dernier livre d'Alain avait été publié par Charles Fasquelle ; celui-ci déjeunait un jour avec nous, et mon ami choisit ce moment pour me questionner sur la Russie. L'éditeur me demanda :

« Allez-vous écrire quelque chose sur votre séjour là-bas ?

— Oh non, répondis-je, je ne suis pas écrivain. »

Il fut si favorablement impressionné par cette réponse — car de nos jours il suffit d'être en possession d'un stylo pour se croire capable d'écrire — qu'il insista et me posa nombre de questions.

Je me souviens tout à coup de mon laborieux essai d'article en anglais, et je lui en parlai timidement. Il me demanda tout de suite de lui en montrer une version plus développée, en français.

Après avoir lu mon œuvre, il décida de la publier sous forme de livre, si j'acceptais d'y décrire, en détail, ma vie à Moscou.

« Mais, répondis-je, il n'y a rien à dire, ce sera très ennuyeux !

— Pas du tout, dit-il, ce sont justement les petits détails qui vous paraissent banals que les gens comme moi aiment trouver dans les livres : il faut vous y mettre. »

C'est ce que je fis ; mais que de pages furent maintes fois recommencées, et que de soupirs elles m'arrachèrent !

Le jour où le livre sortit, la maison Fasquelle me versa six mille francs ; c'était plus d'argent que je n'en avais jamais eu, et vu le prix très bas des voyages en troisième classe en Russie, c'était assez pour me transporter bien loin à l'est de Moscou.

Nous étions au printemps de l'année 1932 et je pouvais profiter de la belle saison pour parcourir les hautes montagnes situées entre le Turkestan russe et le Turkestan chinois où vivent les Kirghiz. Les seuls voyageurs qui avaient visité ces régions récemment étaient les membres de l'expédition Citroën Centre-Asie, mais ils ne connaissaient que le versant chinois de ces montagnes. En tout cas, je ne pouvais arrêter aucun projet avant de savoir quelles facilités me seraient accordées par le Sovtourist. L'Intourist (l'office de voyage pour les étrangers) était si cher qu'il fallait éviter d'y avoir recours : il exigeait des paiements en monnaies étrangères, après avoir fixé le rouble à six fois sa valeur réelle ; et j'avais au contraire l'intention de négocier mes billets de banque au cours du change clandestin à Moscou.

J'obtins sans difficulté le visa soviétique. Sans aucun doute, le livre très simple que je venais d'écrire me mettait en bonne posture. Avec une joie sans mélange, je partis pour un nouveau continent.

Chapitre VII

Kirghizistan

Arrivée à Moscou, je m'aperçus que les choses n'iraient pas aussi facilement que deux ans auparavant. La situation alimentaire était critique, les prix montaient de jour en jour ; les centres Sovtourist étaient fermés au Turkestan et il était impossible d'obtenir le visa dont j'avais besoin pour l'Ouzbékistan, la république autonome où se trouvent Tachkent, Samarkand et Boukhara. Pour atteindre les hautes montagnes je pensais qu'il me fallait aller d'abord à Tachkent.

Trois expéditions scientifiques partaient pour le Pamir à la frontière du Turkestan chinois. Mais malgré mes efforts, il fut impossible de me joindre à aucune d'elles ; on était déjà en juillet. A courir de droite et de gauche, la belle saison et mon précieux argent filaient également vite. Devrais-je renoncer au rêve que j'avais fait de me mêler aux Kirghiz vagabonds, ces hommes libres qui ne font qu'un avec la nature, semblables en cela aux montagnards et aux pêcheurs de tous les temps ? Dans les T'ien-chan ou « montagnes célestes », les nomades avaient mené durant des milliers d'années toujours la même vie, et sur le versant chinois elle continuait, toujours pareille. Mais les habitants du versant occidental de la chaîne avaient été subitement plongés dans le XXe siècle : ils avaient été collectivisés, sédentarisés, socialisés. Le régime soviétique avait déjà apporté dans son sillage l'école, le cinéma, la radio, les dispensaires, les tracteurs, les journaux, les chemises kaki et les souliers de ville.

Dans le cas où mon rêve se réaliserait, j'espérais pouvoir, comme les pèlerins dans *Hassan*, suivre « la route dorée de Samarkand ». Là je verrais les ruines laissées par le grand Tamerlan, des femmes musulmanes à peine libérées de la vie du harem, et des caravanes de chameaux arrivant à Boukhara la Sainte.

Mais on me dit que même ce voyage limité était interdit aux étrangers. D'une part le ravitaillement fourni à l'Asie centrale était absolument insuffisant et d'autre part le gouvernement craignait des révoltes de *bassmatchi* (rebelles) qui cherchaient à organiser un mouvement nationaliste.

Je songeais à renoncer à mon entreprise, quand un jour j'appris que quatre Russes avaient l'intention de passer leurs vacances dans les

T'ien-chan. J'allai les voir sur l'heure ; il se trouva que nous avions tous visité la Svanétie dans lc Caucase et qu'ils partaient pour le Kirghizistan le lendemain soir. Ils n'étaient pas disposés à m'emmener dans les vallées du T'ien-chan, région frontière régie par une juridiction spéciale, mais je pouvais aller avec eux par chemin de fer jusqu'à Frounzé au Kirghizistan : on n'avait pas besoin de visa pour pénétrer dans cette république qui était administrée par Moscou.

Avec de la chance, je pouvais donc accomplir une partie de mon programme. En un jour, je me débrouillai pour m'assurer un billet de chemin de fer, un équipement pour la montagne (piolet, crampons et corde), des vivres pour deux mois, un permis officiel de séjourner deux mois en Russie et une lettre d'introduction du Sovtourist pour le cas où je trouverais un de leurs centres ouvert : ceux qui ont connu la vie frénétique de Moscou peuvent seuls se rendre compte des miracles que j'accomplis ce jour-là.

Une fois installée dans le même train que mes quatre Russes, épuisée par l'effort que j'avais fourni, je dormis trente-six heures d'affilée, sans même tenter de les rejoindre. Par la suite je vis qu'ils étaient charmants, intelligents et calmes : le grand Volodya et sa femme Mila, tous deux biologistes, parlaient français ; Auguste et Capa, sa femme, étaient docteurs en médecine. Ils étudiaient de nouveaux itinéraires d'excursion et faisaient des relevés de cartes pendant leurs vacances, ce qui leur valait l'appui du Sovtourist quand ils avaient besoin de bêtes de somme, de provisions ou d'interprètes.

Mon intention était de rester très effacée et, le moment venu, de demander à mes compagnons s'ils ne pourraient vraiment pas m'emmener avec eux dans les hautes montagnes.

Nous avions depuis longtemps traversé la Volga, dépassé les rives plates de la mer d'Aral et nous rampions à travers les plaines désolées de l'Asie centrale. Nous finissions un pique-nique préparé par Mila quand Volodya me dit : « Espérons que l'on vous autorisera à venir avec nous jusqu'à la frontière chinoise ! » Je conclus de cette remarque spontanée que mon livre sur le Caucase, dont il venait d'achever la lecture, avait produit sur lui une impression favorable.

Sa femme me demanda : « Êtes-vous capable, envers et contre tout, de faire bonne contenance jusqu'au bout ? » Et Capa voulait savoir si je pouvais rester douze heures en selle sans manger ! Ils étaient visiblement prêts à en voir de dures.

Ce fut sur la nouvelle ligne du Turksib qui relie Tachkent au Transsibérien que s'accomplit la fin de notre trajet par chemin de fer. Jusqu'à une époque récente le Kirghizistan est resté d'accès difficile. Dans les gares, les Kazakhs-Kirghiz qui vendaient des galettes étaient coiffés de petites calottes brodées et portaient des kaftans. On était frappé par leurs yeux obliques et leurs pommettes saillantes ; ils parlaient le turki. Un étudiant kazakh qui retournait chez lui m'enseigna à dire « bon » et « mauvais », mots fort utiles quand on achète de quoi manger sur le quai.

La chaleur, la poussière, les punaises qui sortaient des banquettes de bois, les mendiants affamés qui assiégeaient le train à chaque arrêt étaient odieux ; mais rien n'arrivait à doucher ma joie : j'avais laissé Moscou loin derrière moi et à portée de la main se montrait la steppe sous son aspect rude de terre nue. Bien loin des foules, des toits, des machines, j'allais pouvoir mener bientôt la « vraie » vie en faisant ma cuisine sur un feu de crottin et en couchant sous la tente, dans la solitude des plaines dénudées.

Frounzé, une cité-jardin en pleine croissance, de quarante mille habitants, est la capitale du Kirghizistan.

Nous déposons nos équipements à l'auberge principale (la « maison de thé ») et mes compagnons se mettent en quête de renseignements. Par suite de la pénurie de logements, il n'y a pas de centre Sovtourist ; et il paraît impossible de louer un camion ; quant aux comestibles, ils disparaissent aussitôt qu'ils arrivent sur le marché. Mais l'optimisme d'Auguste est inébranlable, en particulier quand il dirige son regard vers l'est, du côté où s'élèvent les premiers contreforts des monts T'ien-chan qu'il brûle d'atteindre.

La chance nous sert : Volodya obtient pour nous cinq et nos appareils photographiques l'autorisation officielle de pénétrer dans la zone frontière au-delà de Karakol qui est notre prochain objectif. Mais les deux tiers des camions attribués à Frounzé sont en réparation, et celui que nous finissons par obtenir est dans un état tellement indescriptible que durant trois jours, non sans fréquentes pannes, nous avançons à une allure d'escargots. Néanmoins nous sommes heureux d'avoir quitté la ville où la TSF et ses hauts-parleurs retentissent à travers l'espace, effrayant les caravanes de chameaux ahuris qui arrivent de Chine.

La première nuit que je passe sur la terre aride d'Asie est inoubliable : enfin mon regard rencontre le dôme ininterrompu du ciel ; enfin, le vent qui souffle est semblable à un élément puissant et primordial, et balaie, dans sa course, tout un continent : mon être est pénétré par cette sensation nouvelle d'immensité.

Après avoir traversé la plaine de Tokmak et grimpé le long des gorges de Boam, nous atteignons le lac d'Issyk-Koul'. A l'est, bien visible enfin, et très loin au-delà de l'autre rive, sc trouve la haute chaîne neigeuse, notre but.

A l'exception d'un village de pêcheurs, il n'y a pas d'habitants sur cette côte dénudée où les seules plantes sont des chardons qui s'inclinent sous la violence du vent. Mais c'est vers une riche contrée, à l'autre bout du lac, que se dirigent les tracteurs que nous avons dépassés.

Il est beau, le grand lac, large de quarante-cinq kilomètres, long de soixante-quinze, situé à quinze cents mètres d'altitude, au cœur de cette vaste région montagneuse ! Et quelle surprise de voir, ancrés près de la rive, un cargo et une solide goélette à trois mâts ! L'Issyk-Koul', profond et sans écoulement, ne gèle jamais et son eau est légèrement salée. Du temps de la domination mongole, il s'appelait Temurtu Nor, ou lac du Fer.

Il est intéressant de découvrir que le nom Timour-Lang ou Tamerlan signifie fer ; que Attila (Aitzel en hongrois) est le mot qui désigne le forgeron, et que le nom adopté par l'homme qui gouverne actuellement l'Asie centrale et les descendants de Timour est Staline, c'est-à-dire acier. Nous sommes, en vérité, à l'âge du fer !

A travers ce pays grandiose, nous atteignons un haras qui est propriété d'État. Le prévoyant Auguste avait décidé que nous y achèterions les chevaux dont nous avions besoin ; mais ces superbes animaux sont beaucoup trop chers pour nous.

Notre camion est retourné à Frounzé, et faute de pouvoir continuer notre route à cheval, nous en sommes réduits à attendre au bord du lac l'arrivée d'un bateau. Oh ! ce bateau ! Quand le voilà enfin, il est tellement surchargé de gens et de marchandises qu'il semble quasi impossible de jamais pouvoir mettre un pied à bord. Je passe la nuit accroupie sous une échelle de fer afin d'être protégée contre les pieds des passagers qui vont et viennent sans cesse. Ce sont en majorité des émigrants de Russie qui fuient la contrainte des restrictions et du rationnement.

A Karakol, ma situation commence à devenir embarrassante. Vais-je être abandonnée en chemin ? Impossible de trouver des chevaux et mes compagnons me proposent, au lieu de les accompagner, de me diriger vers le nord pour y étudier l'agriculture du pays. Ils n'ignorent pas, naturellement, que si j'achète un cheval, tout mon argent y passera et qu'ensuite il faudra que je leur en emprunte.

Il n'y a pas lieu de s'étonner de ces difficultés : nous ne sommes après tout qu'un petit groupe privé et dépourvu d'aide officielle. Une expédition de géologues arrivée avant nous et un groupe d'alpinistes qui vont s'attaquer aux sept mille trois cents mètres du Khan-Tengri se sont déjà emparés de tout ce qui était disponible.

Le cœur me manque à la pensée qu'arrivée si loin, je peux encore être arrêtée dans mon voyage avant d'atteindre le pays des peuples nomades. J'avais même nourri le projet — une fois familiarisée avec leurs coutumes — de m'en aller seule et de me joindre à quelque tribu primitive dans une des vallées chinoises du Sin-kiang.

Mais finalement l'intervention de deux enthousiastes (l'éditeur d'un journal local d'information et le chef de la Guépéou) fait tourner la chance en ma faveur. Sur les hauts plateaux, ils veulent que je voie de près les réformes introduites par les Soviets ; j'admirerai toutes les occasions de progrès qu'ils procurent à ces tribus retardataires. Du coup notre expédition prend une grande importance ! Et si quelques bêtes apparaissent subitement sur le marché aux chevaux, c'est bien parce qu'un fonctionnaire s'est occupé de nous ; et nous pouvons enfin songer au départ.

Nous nous assurons les services d'un guide kirghiz, le silencieux Jokub-bai qui ne sait parler que dans sa langue maternelle. Matkerim, notre perspicace interprète de qui nous allons dépendre entièrement, a des yeux étroits et bridés qui brillent sous sa large toque de mouton noir.

La ville de Karakol, que nous traversons à cheval, est ombragée par de hauts peupliers et coupée à angles droits par des canaux d'irrigation aux eaux claires. Jokub-bai en tête, le mousquet sur l'épaule, mène au trot le cheval de bât qui porte les piquets de la tente. Bien roulés, les sacs de couchage sont amarrés derrière la selle ; chaque cheval est chargé d'un bissac et il faut veiller soigneusement à ce que les poids s'équilibrent, sans quoi le bissac tombe de côté et vous bat la cheville sans arrêt. Par économie, nous avons acheté des selles indigènes en bois, sur lesquelles nous avons assujetti des couvertures. Il faudra un certain temps pour s'y habituer et, par les horribles courbatures de nos cuisses, nous payons la joie d'être à cheval.

La culture dominante dans le pays que nous traversons est le blé ; mais je remarque aussi des champs de pavots où tremblent des fleurs aux nuances délicates. La plupart d'entre elles sont déjà fanées, car on a pratiqué des incisions horizontales dans les capsules qui contiennent les graines et par lesquelles suinte la sève brune, l'opium, qui sera soigneusement recueilli avec de petites cuillers.

Quelques-uns des villages appartiennent à des colons russes, d'autres ont été récemment attribués à des Kirghiz. Cette tentative pour attirer ceux-ci et les faire renoncer à leur vie nomade n'a pas réussi car il faut plus de travail pour cultiver la terre que pour mener paître des chevaux et des chameaux. Dans les cours de fermes on voit souvent le dôme gris d'une tente de feutre sous laquelle les anciens nomades préfèrent vivre pendant que les maisons étouffantes servent d'étable à leurs animaux ; ils ne peuvent pas renoncer à l'habitude de faire le cercle autour d'un feu.

Un jour, dans une auberge, le repas est accompagné de bâtonnets chinois, les premiers dont je me sois jamais servie ; à ce petit détail nous mesurons combien déjà nous nous sommes éloignés vers l'est. Il y a quelques jours on a capturé dans les montagnes sauvages un ourson qu'on a installé dans l'étable à cochons : nous approchons du but.

Quittant la plaine et tournant le dos au lac et au poste de garde où finit la ligne téléphonique, nous commençons notre ascension dans la direction de la chaîne des Tierskei. Nous entrons dans une vallée où nous ne remarquons rien d'autre que des tombes de saints musulmans. Alors, droit devant nous, encadré par deux escarpements rouges, je distingue dans l'éloignement un beau pic neigeux.

Nous suivons un ravin dont les pentes raides sont couvertes de sapins qui s'élèvent comme les flèches d'une cathédrale. Je ne peux deviner où va passer notre sentier. Nous sortons de la gorge en gravissant un éboulis ; mais pour poursuivre notre chemin, il faut dévaler de nouveau dans les profondeurs. Nos montures dégringolent d'un rocher à l'autre au risque de se rompre les membres. Et seul Jokub-bai est resté en selle. Ses étriers sont au niveau des yeux de sa jument.

Nous rencontrons un torrent dont la traversée est dangereuse et nous serpentons parmi les pins. Ma bête est si paresseuse qu'il me faut sans cesse lui marteler le ventre de mes talons pour la faire bouger. Quand la montée est trop raide, je saisis à deux mains le pommeau de ma selle pour ne pas glisser en croupe ; nous sommes serrés entre la falaise et l'abîme et il faut empêcher les charges d'être accrochées par les rochers, ce qui ferait perdre l'équilibre à nos bêtes. Je suis toute prête à croire que nous ne sommes pas sur la piste des caravanes mais sur le raccourci qui mène à la Syrte (c'est le nom des hauts plateaux).

Tout le corps raide de fatigue, je n'aspire qu'à pouvoir me coucher, tandis que la brise du soir rafraîchit mon visage brûlant ; mais il n'y a en vue aucun terrain propice au campement. Au dire d'Auguste, l'altimètre fait grève, et je voudrais bien en faire autant ; on n'a jamais vu rien de plus fou que de traîner un cheval sur le sentier où nous sommes. Mais j'ai décidé de ne me plaindre de rien maintenant que j'ai la chance de me trouver dans les T'ien-chan. Heureusement — et cela m'apparaît comme la récompense de mes efforts pour me dominer —, Jokub-bai m'offre de monter sa vigoureuse jument et prend en échange le licol de ma monture.

Enfin, les sens engourdis par la fatigue, je perçois faiblement des aboiements et je vois devant nous un feu rougeâtre tandis que l'odeur d'une fumée de bois parvient jusqu'à moi : nous approchons de notre premier *aoul*.

Après un échange de salutations cérémonieuses et de phrases de politesse, le chef nous invite à entrer dans sa tente de feutre — une yourte — où un feu brûle. On étend des courtepointes à la place d'honneur en face de la porte et la maîtresse de maison, qui était accroupie dans le coin réservé à la cuisine, commence à s'affairer et se met à baratter le contenu d'une outre en peau de chèvre. Elle la saisit par son goulot souple et la replie sur elle-même puis fait couler dans un bol un liquide laiteux.

Matkerim boit le premier. C'est du koumis, la boisson favorite des Kirghiz, faite de lait de jument fermenté. Ses propriétés sont si connues que dans toute la Russie on s'en sert dans le traitement de la tuberculose. Jokub-bai, après avoir bu sa part, fait un renvoi de la meilleure grâce ; quand vient mon tour, je trouve au koumis le goût d'un vin blanc léger et frais.

Nous allongeons nos jambes, nous nous chauffons les mains, nous nous détendons pendant qu'on prépare le thé. Notre hôte a une barbe clairsemée et des yeux étroits ; il porte sur la tête le traditionnel chapeau de feutre, aux pieds des bottes souples en peau de mouton (qui sont parfois pourvues sous le cou de pied de crampons de fer : ceux-ci sont faits avec de vieux fers à cheval et sont utilisés par les chasseurs qui remontent tout droit les pentes des montagnes.

Un berger qui porte d'épaisses culottes en peau de mouton (cuir en dehors) y essuie son couteau luisant. Viendrait-il d'égorger le mouton qui va nous être offert conformément à l'usage ?

Tandis qu'ils nous observent, essayant de « sentir » de quoi est fait le fond de notre cœur, leurs visages sont calmes et graves. Pendant que nous buvons le thé, je ne peux détacher mes yeux de la vieille mère qui préside, ridée comme une sorcière ; elle a une attitude digne et aristocratique que je lui envie. Nous ne savons plus porter la tête haute avec une fierté si naturelle. Peut-être le secret de ces gens est-il très simple ? Chacun d'eux fait très exactement ce qu'il a à faire dans la vie de la tribu ; du novice au patriarche, chacun est utile, aide à former un groupe complet où tout le monde est à sa place et où il n'y a pas d'occasion de mécontentement.

Les voisins se succèdent et viennent les uns après les autres s'accroupir près des doubles battants de la porte pour nous regarder. Les cheveux des femmes sont coiffés en tresses aux extrémités desquelles on attache des pièces de monnaie. Matkerim m'explique : « Les pièces que vous voyez là sont chinoises parce que, il y a bien des années, les autorités russes ont interdit que les effigies des tsars rebondissent ainsi sur les fesses des femmes kirghizes ! »

Les seuls objets manufacturés que je vois autour de moi sont des caoutchoucs que quelques-uns des hommes portent par-dessus leurs mocassins en peau de mouton. A part cela, tout est dû au travail familial.

Il est si tard, qu'au lieu de planter notre tente, nous allons rester là et dormir en compagnie. Il fait froid et c'est avec plaisir que je me glisse dans un sac de couchage. Les chiens hurlent au loup, on entend des piétinements de chevaux et des bêlements qui viennent de l'autre côté des parois de feutre.

Tous les toits devraient être comme celui-ci par l'ouverture duquel, enfin, je peux admirer les étoiles avant de m'endormir : je voudrais qu'elles puissent raconter quelque chose de ce qu'elles virent du temps où les Turco-Mongols étaient les maîtres de l'Asie... A présent les nomades sont condamnés à disparaître, cela ne fait pas de doute : on les a transformés en citoyens d'un état socialisé et on a réquisitionné leurs troupeaux au profit de fermes collectives.

Le matin suivant je contemple avidement ce

monde nouveau, suspendu à trois mille mètres au-dessus de la mer. Six yourtes sont réunies sur une clairière en pente où pousse une herbe courte. Des femmes traient les juments et taquinent le muet du camp qui nous dévisage bouche bée.

Nos chevaux immobiles sont si fatigués qu'ils n'ont pas la force de manger. Un peu plus loin quatre femmes entreprennent la fabrication du feutre ; avec des baguettes qui sifflent en fendant l'air, elles battent du poil de chameau que, par la suite, on mouillera et qu'on foulera en un épais paquet matelassé. Des enfants jouent avec ma montre-bracelet et, étonnés de voir ma chevelure libre, plongent leurs mains dedans. Comme leurs ancêtres mongols, ils ont le crâne rasé de près à l'exception d'une mèche isolée (ce sont les Mongols qui, après avoir soumis les Chinois, les obligèrent à porter la natte).

Nos Kirghiz sont des musulmans qui se considèrent comme souillés par la seule vue de viande de porc ; pour l'avoir oublié je faillis provoquer un drame en offrant à Volodya un peu de saucisse. Il s'arrangea pour sauver la situation, mais m'expliqua qu'il fallait être très prudents ; au Caucase, un de ses porteurs s'étant aperçu qu'il y avait eu un saucisson dans son chargement signala la chose dès son retour chez lui, et il lui fut interdit sur-le-champ d'avoir désormais aucun rapport avec sa famille.

Je suis les étapes de la fabrication d'une yourte, habitation des plus ingénieuses, pour laquelle ni clous ni fondations ne sont nécessaires. Pour commencer, on dresse verticalement un treillis formant un cercle, puis quelqu'un se place au centre en tenant une fourche sur laquelle repose la couronne en bois qui va constituer le sommet de la tente ; alors, on introduit des perches par leur extrémité la plus mince dans les trous de la couronne, et on enfonce l'autre bout dans les interstices du treillis. Par-dessus ce cadre en forme de parapluie, on place de grands carrés de feutre tendus vers le bas par de larges sangles. La coutume veut que la construction des tentes soit l'œuvre des femmes seulement.

J'entre dans une yourte où une belle femme, appelée Patma (ce devait être Fatima, mais dans cette partie du monde les gens ne savent pas prononcer les F) utilise pour balayer le sol une grande aile d'aigle. Ensuite, elle fait manger ses quatre enfants, elle leur sert une sorte de porridge. Le type mongol est beaucoup plus accentué chez les bébés que chez les adultes, leurs yeux sont presque complètement cachés par leurs grosses joues aux pommettes haut placées. Patma reprend son travail, qui consiste à tresser des torons de crin pour en faire une corde solide.

Matkerim et Jokub-bai, avec du plomb qu'ils

ont fait fondre, fabriquent des cartouches ; ils organisent un concours de tir avec nos hôtes. Couchés sur le sol, ils visent la cime d'un sapin en appuyant leurs fusils sur leurs supports fourchus. Puis un chasseur revient avec une marmotte prise au piège ; de ses mains gantées de feutre, il disjoint les dents d'acier. Tout près, trois chameaux contemplent cette scène d'un air dédaigneux : la vue de leurs corps dégingandés est déconcertante dans ce paysage alpin.

J'en suis réduite au langage par gestes ainsi que mes interlocuteurs et, pour l'usage courant, c'est suffisant. Par exemple le matin, une fois notre toilette finie, je n'ai pas de peine à comprendre que notre hôtesse souhaiterait recevoir en cadeau une brosse à dents, car d'un air lamentable elle m'indique que pour laver les siennes elle ne dispose que de ses doigts. Mais quand on demande où est mon mari, il faut que Matkerim traduise. « Il est à Frounzé, explique Mila, avant que j'aie eu le temps de répondre, il était malade et a été obligé de rester en arrière. »

Personne ne comprendrait que je sois célibataire et qu'une femme seule ait pu venir d'aussi loin que la « P'rance », me dit-elle. Ils veulent savoir s'il y a beaucoup de moutons et de chameaux dans mon pays et si c'est un tsar qui nous gouverne ; ensuite, ils discutent la situation actuelle et jugent les Soviets avec sévérité parce qu'ils ont réquisitionné leur bétail.

L'argent n'est rien à leurs yeux ; la seule monnaie d'échange, ce sont les moutons et le seul profit, c'est l'acquisition du bétail. (Je me rappelle que l'éditeur kirghiz que j'interviewai à Karakol avait acheté sa femme pour vingt chevaux en 1918 !) Notre hôte n'avait jamais vu de chemin de fer. Mais il avait fait le voyage de Chine en 1916, au moment de la grande révolution contre le gouvernement des tsars qui recrutait alors des hommes pour l'armée.

Oui, c'est bien cela, un mouton va être abattu pour nous être offert (bien entendu, nous aurons assez de tact pour le payer). Un tel banquet est un régal pour tous et il y a de la joie dans l'air.

On met la viande dans un chaudron où elle cuit à petits bouillons, on empale la tête sur un bâton qui en fait craquer les cartilages et on la roussit au-dessus des flammes avant de la mettre à bouillir avec le reste. A la fin, la vieille femme qui a fait le thé goûte le bouillon avec une louche qu'elle tendra au chef de la famille pour qu'il donne son approbation. Avant que commence le repas, on se lave les mains avec l'eau d'une cruche qu'un enfant fait passer à la ronde et une nappe est déployée sur le sol devant la place d'honneur.

On sert d'abord le foie et une masse de graisse

qui est la queue (tous ces moutons appartiennent à une race « à grosse queue ») ; on la coupe en tranches dont on fait des sandwichs. Les gens qui aiment la moelle apprécieraient ce mets délicieux. On pêche alors la tête dans la marmite et notre hôte en extrait les yeux, un morceau de choix, et les offre à Auguste qui décline cet honneur avec une énergie qui nous fait rire. On fait alors passer les autres morceaux et la viande que l'on me donne est succulente et si tendre que d'elle-même elle se détache de l'os.

Dans un silence absolu, chacun de nous travaille du couteau et des doigts. Mes voisins mangent assez vite, bien qu'ils mâchent tout, scrupuleusement, jusqu'aux tendons.

Depuis combien de temps, je me le demande, n'ont-ils pas fait un repas convenable ? Ainsi que l'écrit Karutz, « pour se rendre compte à quel point le plaisir de manger s'empare d'eux, il faut en avoir été témoin. Ceux qui s'étonnent que les amas composés de reliefs de festins aient pu se former et se conserver dans les grottes préhistoriques n'ont qu'à venir manger un mouton en compagnie des Kirghiz et ils verront ce que signifie "faire les plats nets". C'est alors, seulement, qu'ils saisiront ce que peuvent être le zèle, le savoir-faire, le succès complet avec lesquels on arrive à utiliser un os, l'art persévérant avec lequel on peut le ronger, le mordre, l'écraser, le briser, le sucer ; et comment, sans l'aide d'aucun instrument, on peut arriver à le gratter au point qu'il soit d'une propreté irréprochable ».

Quand nous avons fini, on passe le plat aux autres hommes, puis aux enfants, et en dernier lieu aux femmes. Mais pour nous le repas n'est pas encore fini ; deux garçons se mettent à hacher les fins morceaux de viande qui sont tombés au fond du chaudron ; mêlés à des carrés de graisse et salés, ils sont présentés comme troisième service. Nous prenons un peu de ce hachis poisseux dans nos bols et essayons de le manger avec nos doigts comme les Kirghiz. Mais c'est un exercice qui demande un long apprentissage, et nous ne réussissons qu'à faire rire tout le monde. Pour finir le repas on nous sert une copieuse portion de bouillon brûlant ; ce digestif est des plus appréciés. Si Matkerim, après un pareil banquet, peut encore avaler plusieurs bols de koumis, cela montre seulement à quel point son système digestif est différent du mien.

Une épaisse couche de graisse s'est solidifiée sur mes mains et je les frotte à mes chaussures avant de les laver. Notre hôte fait de même et je vois avec plaisir que déjà je commence à acquérir les gestes instinctifs des Kirghiz. Sur une viole plaintive quelqu'un commence à jouer un air lent et rêveur, pendant que les hommes chiquent la poudre de tabac mêlée de chaux, qui paralyse leur langue.

J'éprouve une grande satisfaction : j'ai été véritablement initiée à la vie quotidienne des Kirghiz comme je rêvais de l'être quand, à Paris, j'imaginais de loin ce que ce pourrait être. De quel saisissement seraient pris mes voisins aux gestes lents s'ils pouvaient soudain avoir une vision de cette capitale !

Nous quittons notre camp alpin situé à mi-hauteur de la chaîne et nous partons pour la passe de Djougoutchak qui sera pour nous la porte de la Syrte. Nous ne tardons pas à dépasser la limite des arbres, en grimpant un éboulis qui finalement se trouve être une moraine, bordée à droite et à gauche par de magnifiques escarpements. Devant nous, la blancheur du glacier qui recouvre le col nous éblouit. Le chemin que nous suivons est jalonné, à portée de la main, par les squelettes des chevaux et des chameaux qui sont tombés le long du sentier.

Sur la pente raide du glacier couvert de neige unie, mon cheval bronche devant quelques trous noirs, trop étroits pour mériter le nom de crevasses. La réverbération fait mal aux yeux, et mes verres fumés sont hors d'atteinte dans le chargement du cheval de bât : faut-il rester les yeux fermés ? Mais je découvre qu'une écharpe de soie diminue la sensation de brûlure et qu'elle est assez transparente pour qu'on puisse voir au travers. Au-dessus de ce monde de neige, à quatre mille deux cents mètres d'altitude, planent des aigles ; ils jouent avec le vent sauvage, glacial, qui nous assaille impitoyablement et nous coupe la respiration.

Aussi vite que possible nous redescendons vers un endroit plus abrité afin de pouvoir regarder le pays qui s'étend devant nous. La montagne rejoint par des pentes douces une vaste plaine lépreuse et hérissée de touffes d'herbe et d'edelweiss. C'est ainsi que je me suis toujours représenté le Groenland ; il doit avoir aussi cette atmosphère pure et raréfiée. Dans ce cadre paisible, Matkerim s'anime soudain et tire, sans succès, sur un vol d'oies sauvages qui s'est élevé d'un petit lac bleu.

Devant nous, vers le sud, la vue est limitée par la chaîne blanche de l'Ak-Chiriak. Notre regard revient toujours avec admiration vers un sommet qui se détache et qui exerce sur nous une vraie fascination. Quant au ruisselet qui sourd de notre glacier, c'est la source du grand Syr-Daria, le puissant cours d'eau qui irrigue les champs de coton de Tachkent et atteint la mer d'Aral après avoir traversé le désert des Sables rouges. Je n'avais jamais imaginé qu'un jour je rencontrerais à leur source ses eaux à moitié glacées.

Nous galopons sur la Syrte, respirant à pleins

poumons, heureux de contempler le monde des hautes montagnes.

Mais quelle surprise ! Cette plaine n'est pas si déserte que je le croyais ; devant nous j'aperçois un grand bâtiment en pierre : c'est l'observatoire des T'ien-chan, le terme de l'étape de ce jour.

Nous atteignons la porte par un sentier de planches qui passe à travers un champ de boue.

Huit personnes sont reléguées sur ce plateau où la température moyenne est de 6°C. Ces gens sont arrivés à se connaître au point qu'entre eux les sujets de conversation sont épuisés. Parmi eux il y a un alpiniste russe qui s'entraînait pour faire partie de l'expédition du Khan-Tengri ; mais il est tombé malade de la fièvre typhoïde et il faut tous les jours aller chercher le lait qui lui est indispensable à un camp distant de trente-cinq kilomètres.

Juste au moment où je me dis qu'il doit être bien désagréable de tomber malade ici, Capa remarque que j'ai le visage rouge et m'enjoint de prendre ma température. Le thermomètre indique 40° de fièvre. Qu'est-ce que cela peut être ? La fièvre typhoïde et la dysenterie sont les deux maladies dont nous risquons le plus d'être atteints. Quoi qu'il en soit, me voilà privée d'accompagner mes amis qui ont l'intention de faire demain l'ascension de ce beau sommet blanc que nous avons admiré depuis la passe de Djougoutchak.

Ils vont bivouaquer sur le glacier dans une petite tente alpine et j'admire leur courage : le vent qui fait rage est glacial et envoie de la neige fraîche autour de la maison. Le matin suivant, sous un ciel d'un bleu intense, le monde se réveille éblouissant de blancheur.

L'observatoire envoie des rapports météorologiques par TSF à Tachkent, à huit cents kilomètres au sud-ouest. Mais son principal travail est de surveiller la marche des glaciers et d'enregistrer les chutes de neige dont dépend l'irrigation des plaines. Quand on a creusé les fondations du bâtiment, on a découvert que sous cinq pieds de boue gelée il n'y avait pas autre chose que de la glace dont on ne pouvait évaluer l'épaisseur. L'un des étudiants affirme que nous avançons peut-être imperceptiblement avec ce glacier caché !

Pendant la mauvaise saison, les caravanes font un détour pour s'abriter à l'Observatoire, quoique les Chinois soient terrifiés par la radio, nommée « le démon de la montagne ». Ils ne touchent jamais la porte d'entrée parce qu'ils sont sûrs que la maison est ensorcelée.

Une tempête me réveille pendant la nuit ; je suis couchée par terre où j'ai dormi et j'aperçois Maria Feodorovna très occupée à faire cuire le pain. Peu après, le Russe qui est de garde annonce triomphalement : « J'ai Berlin à la radio pour vous ! » Je le suis et j'écoute cette musique de danse assourdie. Sur ces hauteurs, dans ces montagnes où nous sommes comme sur une île perdue, le rythme langoureux de cette musique qui nous parvient de quelque palace allemand a quelque chose d'irréel, de ridicule. La seule réalité du moment est celle-ci : le vent fou se rue à travers la neige pendant que mes amis sont endormis au flanc de la montagne.

A leur retour du sommet du Sari-Tor, ils décrivent la splendeur du panorama. « On croirait que cela a été créé exprès pour vous, Ella ; c'est une montagne parfaite pour le ski », dit Volodya. « Si vous les voulez, nous avons quelques vieux skis », intervient un des météorologistes.

Sur-le-champ j'oublie ma fièvre et je décide d'aller demain m'amuser sur ces pentes. Je choisis deux skis, les moins voilés, et à l'aide de fil de cuivre, j'improvise de primitives fixations.

Pour traverser le fond plat de la vallée, il faut à mon cheval une demi-heure au trot. Il est de bon matin. Je renvoie Matkerim avec les montures et lui donne l'ordre de venir me reprendre au coucher du soleil.

De la moraine latérale, j'ai quelques marches à tailler dans le flanc lisse du glacier avant d'atteindre sa surface régulière, nivelée. Alors je chausse mes skis, glisse sur la neige qui le recouvre, seule dans le silence glacé. De temps à autre, je sens mon cœur battre : à distance j'aperçois un ours, que vais-je faire ? Toutes les histoires d'ours que j'ai entendu raconter à l'Observatoire me reviennent à la mémoire. Mais je découvre que c'est seulement un bloc erratique isolé qui a la forme d'un animal !

Au lieu de me mettre à la recherche d'une pente favorable au ski, je subis la fascination du Sari-Tor : droit devant moi, très haut et dominant un mur de séracs qui a bien six à sept cents mètres, son sommet triangulaire est couvert de neige que le vent fait voler en tourbillons.

Après deux heures de montée, j'arrive à un coude du glacier qui tourne vers la gauche et la pente devient plus raide. Je suis en plein soleil maintenant, la neige ramollit et je suis en nage dans une sorte de bain turc. Je reconnais l'endroit où mes amis ont campé la nuit dernière à ce que la neige y est piétinée ; elle est si profonde qu'ils n'ont pu, sans skis, avancer que bien lentement. Je monte encore deux heures. Mais maintenant, je suis obligée de m'arrêter de temps à autre pour faire quelques profondes inspirations. J'ai terminé la partie monotone de l'ascension et atteint une croupe d'où l'on découvre une vaste perspective. Sur ma droite, je peux étudier l'ensemble de la crête par laquelle on peut atteindre le sommet : il n'est pas tellement loin... il me faudrait peut-être une heure pour y arriver : pourquoi n'essaierais-je pas ?

Le seul obstacle c'est le vent, un blizzard qui, chaque fois que des nuages cachent le soleil, serait capable de me transformer en glaçon. Et il n'y a pas moyen de se réchauffer en marchant vite car, même à une allure lente, il est déjà difficile de respirer. Les traces profondes laissées par le passage de mes amis ont été comblées et la neige fraîche, en se dispersant, découvre une couche sale et durcie. La petite Capa a dû faire un travail de Romain pour parcourir tout ce chemin à pied ! Un grain arrive, je sens ma figure mordue par son souffle froid : faut-il faire demi-tour ou bien n'est-ce qu'une vague de brouillard ? L'arête que je suis est décevante, des épaulements successifs s'y découvrent, ennuyeux à surmonter les uns après les autres. Et ce ne sont pas de véritables bâtons de skis que j'ai : je me sers de deux des pieds d'un support de théodolite qui n'ont pas de rondelles pour les empêcher d'enfoncer.

Pour pouvoir respirer, je suis obligée de me reposer tous les deux cents mètres, puis tous les cents mètres. Mais ce qui me coûte le plus grand effort, c'est de me servir de mon appareil Leica : j'ôte un gant et alors la peau de mes doigts reste collée au métal glacé ; j'en pleure, mais j'ai le sentiment de faire consciencieusement mon devoir de voyageuse.

On dirait que le sommet recule toujours. Il faut quand même que je l'atteigne ! La sensation de ma solitude extraordinaire est tellement exaltante que j'ai l'impression d'être invincible ! Mais quel froid ! C'est d'abord entre les sourcils qu'il vous frappe et vous paralyse ; ensuite il descend le long du nez qui est comme mort lui aussi ; alors il raidit la bouche, les muscles des mâchoires qui s'entrechoquent restent contractés et on relève les épaules pour se protéger le cou toujours si sensible au froid.

Les montagnes autour de moi ont rapetissé, elles ont l'air de monticules. Un dernier effort de cinq minutes. (Oh ! mais pourquoi le ferai-je ? pourquoi ne pas y renoncer ?) Allons ! vingt pas encore, un, deux, trois ! Et me voici au sommet ! Ou, en tout cas, aussi haut que je peux parvenir sous le vent de l'ultime corniche gigantesque, vague gelée dont la crête recourbée se profile sur le ciel. Autour de moi, je contemple une mer immobile de sommets ensevelis dans les glaces. A l'est ce doit être le Khan-Tengri (dont quelques années plus tard, le Suisse Saladin fera la seconde ascension, et il mourra d'épuisement, les pieds gelés, avant d'avoir regagné Karakol) qui du haut de ses sept mille trois cents mètres dépasse une masse de nuages noirs. Au nord, je vois la longue ligne nette de la chaîne des Kunguei qui s'étend derrière l'Issyk-Koul'. Vers la Chine au sud, s'élèvent les pics abrupts de la chaîne du Kokchal, vers laquelle nous allons nous diriger.

Victoire ! Le Sari-Tor est sous mes pieds ! Son altitude approximative est de cinq mille mètres : jamais je ne me suis sentie aussi enthousiaste. Mais dans ce froid, je ne peux rester plus longtemps immobile, je me lance dans la descente sans même farter mes skis. Je vais vite, trop vite, il faut à tout prix que j'évite une mauvaise chute. J'essaie de freiner, mais seulement pour tomber lourdement la tête la première dans la neige ; elle est si légère que pour en sortir j'ai l'impression de lutter contre des plumes.

J'avais oublié que mes fixations contrôlent à peine mes skis : pour arriver en bas saine et sauve, il faut décidément que j'adopte une autre technique. Si je me casse une jambe, il n'y a pas à compter sur la luge de quelque hôtel voisin pour venir à mon secours. Mais malgré mes efforts, je n'arrive pas à éviter plusieurs chutes mémorables.

A un endroit abrité, au-dessous de la croupe, j'essaie de manger un peu de pain, mais il est bien trop desséché et en réalité je n'ai pas faim, bien que mon ascension ait duré sept heures.

Tout ce que je peux faire, c'est de grignoter un peu de chocolat russe.

Le glacier supérieur fournit une glissade superbe ; mais plus bas, la neige mouillée est lourde aux pieds. Quand même ! il ne m'a fallu que trois quarts d'heure pour descendre jusqu'au fond plat de la vallée. J'ai fait toute mon expédition en moitié moins de temps qu'il n'en a fallu aux autres hier.

Et voilà des heures bien remplies ! Mon cœur bat généreusement, mon visage est brûlant d'avoir entendu la voix vibrante des vents et mes yeux sont encore étonnés de la grandeur du spectacle qu'ils ont contemplé.

Pendant un certain temps, nous suivons la grande trace qui conduit au col du Bedel, qui est fréquenté par de nombreuses caravanes ; la terre noire y est marquée d'ornières profondes d'un pied ; les chevaux qui cherchent à les éviter en créent continuellement de nouvelles. C'est le chemin même que suivit le pèlerin chinois Hiuan-tsang pour parvenir jusqu'aux Indes au VIIe siècle. Devant nous, on voit la chaîne qu'il décrivit si bien et où treize hommes de sa caravane se perdirent.

« Cette montagne de glace forme l'angle nord du Pamir. Elle est fort dangereuse et son sommet s'élève jusqu'au ciel. Depuis le commencement du monde la neige s'y est accumulée et s'est changée en blocs de glace qui ne fondent ni au printemps ni en été, les nappes dures et brillantes se déroulent à l'infini et se confondent avec les nuages. Si on veut les fixer, on est ébloui par leur éclat. On rencontre des pics glacés qui s'abaissent en travers sur les côtés de la route et dont certains ont jusqu'à cent pieds de hauteur, les autres plusieurs dizaines de pieds de largeur. Aussi ne peut-on traverser ceux-ci sans difficulté, ni gravir ceux-là sans péril. Ajoutez à cela des rafales de vent et des tourbillons de neige dont on est assailli à chaque instant de sorte que même avec des souliers doublés et des vêtements garnis de fourrure, on ne peut s'empêcher de trembler de froid. Lorsqu'on veut manger ou dormir, on ne rencontre aucun endroit sec où se reposer. On n'a alors d'autre ressource que de suspendre la marmite pour préparer ses aliments et d'étendre des nattes sur la glace [1]. »

Jour après jour, des tourmentes de neige nous fondent dessus, en général au moment où nous sommes en train de nous laver dans des torrents glacés. Quand nous choisissons notre camp dans cette Syrte dépourvue d'arbres ou de buissons, la difficulté n'est pas seulement de trouver un peu d'herbe pour les chevaux, mais aussi le seul combustible à notre portée, le crottin abandonné

1. René GROUSSET, *Sur les traces du Bouddha*, rééd. Asiathèque, 1991.

par des caravanes qui nous ont précédés. Le crottin sec brûle bien, en dégageant une odeur âcre que j'appris à apprécier car à la fin d'une journée fatigante elle annonçait le repos.

Les quelques Kirghiz que nous rencontrons nous offrent du koumis contenu dans les outres en peau de chèvre qui se balancent, accrochées à leurs selles, et avant de nous séparer nous échangeons les nouvelles des hautes vallées désolées. Ici, comme ensuite au Tibet, je trouve que dans cette atmosphère pure et coupante, tout prend un caractère d'immensité.

Souvent Matkerim galope en avant avec Jokub-bai, pour essayer de tirer sur des troupeaux fuyants d'argalis (mouflons sauvages ou *ovis poli*). Mais pour donner du goût à notre soupe, il faut nous contenter de gibier à plumes jusqu'à ce que nous achetions à un chasseur un quartier d'argali.

Un jour nous rencontrons quatre cavaliers qui reviennent de la chasse ; chacun d'eux porte sur son poing un aigle. De ses serres noires, il s'agrippe à la main gantée de cuir épais qui repose sur une fourche de bois fixée à la selle ; le bec est au niveau du front du cavalier. Du capuchon qui leur couvre la tête part de temps à autre un cri rauque ; les plumes brillantes sont pareilles aux facettes d'une armure. Inoubliable impression de puissance et de majesté.

A en juger par les peaux raidies de marmottes,

de bouquetins et de loups qui sont suspendues aux selles, la chasse a été bonne. Les hommes ont une tenue de haute classe et l'air d'autorité propre aux véritables chefs.

Nous traversons un camp de quinze yourtes ; il y en a une que l'on appelle la « coopérative » (malheureusement tout est déjà vendu), une autre le « dispensaire ». Ce dernier est sous la direction d'un aide-chirurgien, très occupé par des malades venus parfois de très loin. Le camp est levé deux fois par mois quand le pâturage est épuisé et ce n'est pas une petite affaire de remballer toutes ses fioles. Pendant les visites qu'elles échangent entre elles, les femmes de l'aoul filent, ou bien l'une d'elles tisse, accroupie sur le sol. Le métier est un instrument très simple, suspendu à un trépied, la chaîne en poil de chameau est longue de trente mètres. Le tissu est semblable à une gabardine rustique, plaisante à l'œil, que les hommes portent comme manteau ou *chapan*. Comme d'habitude, tout le monde est désireux de prendre en main mon Leica et s'amuse à regarder dans le viseur.

Le camp possède quelques yaks, ces animaux vigoureux que l'on considère généralement comme appartenant au Tibet parce qu'ils vivent dans des régions hautes et froides ; je bois un peu de leur lait crémeux et épaissi par la quantité de graisse qu'il contient. Pour la première fois, je vois un homme prier suivant le rite musulman, le visage tourné vers La Mecque. Il vient d'arriver en toute hâte, à cheval, pour annoncer une mort ; la nouvelle se répand sur-le-champ et de perçants cris de deuil se répondent dans la vallée. Épuisé, il s'est jeté à plat ventre et demande à un enfant de piétiner ses reins ankylosés — un remède ingénieux dont il faudra que je me souvienne quand le besoin s'en fera sentir.

Les enfants n'ont que du bon temps dans l'Asie centrale. Ils ne sont jamais contrariés ni grondés, bien qu'ils tracassent et tourmentent leurs aînés — ce sont eux qui font la loi. Quand je demande pourquoi, on me répond que c'est parce que les parents savent très bien que dans leur vieil âge ils dépendent entièrement de leurs enfants : de peur de représailles possibles dans l'avenir, ils préfèrent les gâter dans le présent !

Petit à petit, donc, je m'initie à la vie des Kirghiz. Rarement ils égorgent un mouton et se rassasient réellement. Leur régime ordinaire est à base de lait et de farine. En Europe, les gens sont persuadés que les fruits et les légumes sont indispensables à la santé ; mais il me semble qu'ici les hommes, depuis des générations innombrables, se sont adaptés aux aliments qu'ils peuvent se procurer. Comme les Esquimaux, ils n'ont jamais disposé de nourriture végétale fraîche et néanmoins ils font preuve d'une étonnante résistance au froid et aux privations imposées par leurs longs voyages. Il serait probablement aussi absurde d'être végétarien au Groenland que de se nourrir de viande sous les tropiques !

Une règle semble être également suivie par les hommes et les chameaux : manger le plus possible quand l'occasion s'en présente, avoir en soi des réserves si quelque circonstance critique se produit. A l'usage, j'ai trouvé facile de me conformer à cette règle.

Les nuits sont si froides que, le matin, nous pratiquons le lancer du disque avec les ronds de glace retirés de nos casseroles.

Volodya et Auguste veulent explorer un col abandonné à la frontière chinoise où il doit y avoir de belles montagnes. Nous allons donc entrer dans une partie du pays où personne n'a la permission de vivre, excepté quelques chasseurs qui ont des permis spéciaux.

Là, dans une vallée désolée, nous voyons avec surprise une véritable maison, construite pour les gardes-frontières de la Guépéou. Ils ont à surveiller les sentiers les moins fréquentés qui pénètrent en Chine, en particulier pendant la saison où l'on fait la contrebande de l'opium. Nous arrivons chez eux au moment où leurs miches sortent du four et nous savourons la soupe aux choux qu'ils nous offrent.

Jokub-bai, notre guide, n'est jamais allé aussi loin et n'est pas du tout sûr du chemin, ce qui ne fait qu'ajouter de l'intérêt à notre voyage. Nous sommes d'ailleurs sur le qui-vive, car à tout moment nous pouvons rencontrer des *bassmatchi*. Mais, sans nous en douter, c'est nous qui effrayons un Kirghiz solitaire ! De très loin, il nous a suivis des yeux tandis que nous descendions les pentes raides du glacier de Dgengart ; à distance, il avait pris nos piquets de tente pour des fusils et il s'était caché. Ensuite, nos tentes et nos feux l'ont rassuré et il s'est approché de nous.

Il connaît bien le pays et il nous avertit que des inondations nous barrent le chemin vers le nord ; nous ne pouvons pas, comme nous l'espérions, retourner à Karakol, en contournant le pied du géant Khan-Tengri.

Le jour suivant, nous partons en remontant la vallée de l'Ak-Ogouz vers le col délaissé qui conduit en Chine. Nous suivons une raide moraine au bord d'un glacier rugueux que domine un pic impressionnant dont les murailles de glace étincellent. Au cours de notre longue ascension, nous atteignons souvent de petites plates-formes naturelles placées entre la moraine et la muraille rocheuse de la montagne : sur chacune d'elles, il y a une couche blanche d'ossements épars.

En 1916, beaucoup de nomades ont suivi cette route dans l'espoir de se sauver en Chine. Mais leurs bêtes épuisées ne pouvaient plus les suivre, elles mouraient de faim et la neige les recouvrait. On voit beaucoup de crânes de chevaux à moitié enterrés dans le sable. Cette année-là, une grande révolte s'était élevée parmi les paysans kirghiz qui étaient enrôlés de force dans les armées tsaristes. L'insurrection fut brisée par les Cosaques ; tous ceux qui purent s'enfuir passèrent au Turkestan chinois. Mais là, ils furent mal reçus par les autorités et, petit à petit, on leur enleva leurs troupeaux. Finalement, dépouillés de tout, ils décidèrent de rentrer chez eux, mais on était en hiver et il en périt des milliers sur le chemin du retour.

Ceux qui parvinrent à regagner leurs villages trouvèrent sur leurs terres des colons russes. Pour se venger du tort qui leur était fait, les Kirghiz affamés se révoltèrent à nouveau. Malheureusement pour eux on était à la fin de 1917, et la révolution bolchevique étant finie, des soldats russes démobilisés revenaient du front. Partout leurs yeux rencontraient des traces de destruction et à leur tour ils exercèrent des représailles. Il y eut alors une période de complet désordre.

En haut de notre moraine, nous arrivons à une plaine neigeuse entourée d'un cercle de montagnes noires. Juste avant d'atteindre notre but, nous sommes obligés de nous encorder pour franchir en rampant la rimaye, ou crevasse béante, où commence un glacier. Alors, à environ quatre mille huit cents mètres, nous sommes au col d'Ak-Ogouz.

Vers le sud, plus bas que nous, une vallée pierreuse, sans beauté, s'éloigne : Ush Turfan, la première ville chinoise n'est pas très distante. Mais, juste en face, quand nous levons les yeux, qu'est donc, par-delà les arêtes les plus rapprochées, cette vibration jaune de l'air que nous distinguons, semblable à une mer de poussière sous le ciel, à une distance de deux cents kilomètres environ ? Cette ligne à l'horizon que nous devinons plus encore que nous ne la voyons ne peut être que l'effroyable océan de sable du Takla-makan dans lequel pas une piste n'est tracée, à la limite ouest du désert de Gobi.

Là, à mes pieds, voilà le versant chinois des montagnes que j'ai l'ambition de connaître et où se trouve la mystérieuse province du Sin-kiang où fermentent des troubles. Encore au-delà, c'est Bâzâklik, avec ses temples qui occupent des grottes remplies de bouddhas peints. Devant nous il y a des milliers de kilomètres à parcourir, des mois heureux de voyage et de découverte. Que ne donnerais-je pas pour pénétrer dans l'inconnu ! Mais je n'ai pas de visa et je sais que si j'entrais actuellement au Sin-kiang je serais immédiatement mise en prison, comme suspecte. Quand je me suis renseignée à Moscou au sujet de ce visa, on m'a répondu qu'il faudrait attendre la réponse au moins six mois.

Raisonnable, je tourne donc le dos au pays qui me fascine et je suis tristement mes deux compagnons. Sur ma route ne surgira aucune aventure palpitante. Telle est la réalité ! Si j'avais fait une folie, je pourrais avoir autre chose à raconter ; mais voilà, justement, ce sont des choses que l'on ne fait pas, on se borne à en rêver !

Je ne me doutais guère qu'un jour je me rapprocherais des T'ien-chan par le côté chinois...

Il faut que mes amis retournent à Moscou. Nous nous mettons donc en route pour Karakol, où nous arrivons après avoir franchi trois nouveaux cols. Afin de n'avoir pas à repasser par Frounzé nous décidons de traverser les chaînes qui, au nord de l'Issyk-Koul', nous séparent d'Alma-Ata, capitale du Kazakstan. En nous élevant cette fois de l'autre côté du lac, nous nous trouvons de nouveau dans l'air pur des hauteurs. Dans le dernier aoul kirghiz où nous passons, un aigle est attaché à la porte d'entrée de chacune des yourtes, comme le serait un simple chien de garde.

De grands changements se sont produits dans la vie de la Syrte, on ne peut en douter. Ce sont les Russes qui gouvernent et les vieux patriarches, les *manap*, ont été supplantés. Leur principale fonction dans la région de Karakol, où il pouvait y en avoir environ cent cinquante, était naguère de maintenir l'ordre dans tous les domaines. Les nombreuses frontières de la Syrte, fixées par la coutume, leur étaient familières : chaque année les nomades retournaient aux mêmes pâturages. L'herbe étant plus rare ici que dans les Alpes, la migration vers des terrains nouveaux a bien plus d'importance qu'en Suisse, tout en obéissant aux mêmes lois. C'est une erreur de croire que les nomades sont libres de leurs mouvements et n'obéissent qu'à leur humeur du moment.

Pour la première fois, la Syrte est devenue propriété d'un État et a été pourvue de frontières bien définies, dont certaines sont dans la pratique très incommodes. Les hommes qui ont la direction des fermes collectives d'élevage ont leurs expériences à faire et il n'est pas facile d'établir un plan de roulement pour l'exploitation des pâturages !

Ce sont des Kirghiz qui sont chargés d'administrer le bétail, mais ces nouvelles méthodes les ont troublés et on les a accusés d'avoir négligé leurs devoirs. Quelle qu'en puisse être la raison, en 1932, le cheptel est réduit des deux tiers depuis que les Soviets ont établi leur souveraineté. Les autorités se sont rendu compte que la situation devenait menaçante et se sont enfin décidées à encourager l'élevage des chevaux, des moutons et des vaches.

Descendant toujours de notre col, nous gagnons la plaine immense du Kazakstan, à six cents mètres d'altitude. C'est là que se trouve Alma-Ata sur la voie ferrée du Turksib qui relie la Sibérie à Tachkent, la capitale du Turkestan. C'est par cette ligne qu'est apporté du Nord tout le grain dont on a besoin dans le Sud où, récemment, le coton a supplanté toutes les autres récoltes.

A Alma-Ata, une ville en pleine croissance de cent cinquante mille habitants, nous eûmes la surprise de voir faire bon accueil à nos chevaux fatigués : nous y accomplîmes ce tour de force de vendre nos montures avec un bénéfice, après nous en être servi dans les montagnes deux mois de suite ! Mais nos selles ne trouvèrent pas d'acquéreurs, les chevaux n'étant recherchés que pour le trait. Ce bénéfice était le bienvenu pour moi qui étais à court d'argent. La nourriture était plus chère qu'à Karakol. Si nous n'avions pas obtenu du gérant de notre « base » un permis donnant droit au restaurant réservé aux imprimeurs, je me demande ce que nous aurions mangé, étant donné qu'au bazar les pommes de terre atteignaient le prix de deux roubles le kilo.

Mes compagnons prirent le train pour Moscou ; je décidai de rester à rôder en Asie jusqu'à mon dernier kopeck. Je renonçai à l'idée d'entrer en Chine, car je ne pus dénicher nulle part le consul du Sin-kiang, bien qu'il résidât dans la ville à ce qu'on disait. Mais, je rêvais de voir Boukhara et Samarkand, ces villes légendaires : ce serait une compensation à ma déconvenue.

CHAPITRE VIII

Seule dans le Turkestan

La seconde partie de mon voyage avait commencé. Désormais, j'allais tous les jours me trouver mêlée à des gens nouveaux ; ce serait un contraste absolu avec les derniers mois, et en même temps j'aurais à faire face continuellement à la difficulté de voyager dans un pays très insuffisamment ravitaillé.

Il me fallait nécessairement vivre avec les pauvres, ce qui se trouva être mon salut ; car, s'il en avait été autrement, la police m'aurait questionnée et m'aurait refoulée, étant donné que le visa nécessaire pour l'Ouzbékistan me manquait.

Pendant les mois qui suivirent, je ne sus jamais ce que me réservait le lendemain et ma vie fut passionnante — mais je ne voudrais pas revivre cette période, car je n'en ai jamais traversé d'aussi épuisante !

D'abord, j'avais tout à apprendre concernant les voyages au pays des Soviets : comment obtenir la formule imprimée qui me donnait le droit de quitter une ville ; comment prendre un billet ; comment ne pas se tromper de queue ; comment s'entendre avec un voisin honnête pour surveiller, à tour de rôle, nos bagages ; comment réussir à savoir par les employés harassés l'heure probable d'arrivée d'un train en retard.

Dans mon sac de montagne et mon sac de marin, je portais non seulement mes vêtements de rechange, avec mes films, mon sac de couchage, ma trousse médicale et mon réchaud, mais aussi tout ce que j'avais pu acheter comme provisions à Alma-Ata. Tout le monde parlait tellement de la rareté des vivres ! Les porteurs et les charrettes étaient également difficiles à trouver et il m'arriva plus souvent que je n'aurais voulu de transporter moi-même tout mon chargement. J'appris aussi à dormir n'importe où, dans des halls de gare, encombrés de bagages, dans des caravansérails, sur les berges des rivières, au milieu d'un désert de neige ou parmi des gens de toutes sortes : les uns envoyés pour commencer quelque nouvelle entreprise, d'autres qui partaient en quête de meilleures conditions d'existence ou qui allaient « construire le socialisme » dans les coins les plus reculés de l'Union soviétique.

Le centre Sovtourist de Tachkent était ouvert

et après mon repas en ville, j'allais y passer les nuits, parmi des étudiantes russes.

Tachkent comptait alors cinq cent mille habitants dont une moitié était des Russes, l'autre moitié des Ouzbeks (des Blancs d'origine iranienne mitigés par les invasions turques). Je suivais au hasard le labyrinthe des rues dans la ville indigène aux maisons de pisé. Là, parmi les marchands ambulants et les barbiers en plein air, des femmes circulaient, portant encore le voile en dépit des lois qui l'interdisaient. Elles étaient saisissantes, enveloppées dans les longs plis raides d'une cape posée sur leur tête, le visage caché derrière un treillis de crin. Dans les trams, elles s'asseyaient à côté de leurs sœurs modernes qui allaient à l'école en jupes courtes, bas noirs et blouses kaki.

Au club féminin, non seulement je fus renseignée sur ce que l'on fait maintenant pour les femmes, mais j'entendis aussi raconter ce qu'était leur vie auparavant, quand elles n'étaient pas mieux traitées que le bétail. J'assistai à une leçon de lecture sur l'histoire du prolétariat russe. Jusqu'à quel point ces quinze jeunes femmes y prenaient-elles intérêt ? On peut se le demander ! Mais elles étaient attentives. Un trait dessiné en noir reliait entre eux leurs sourcils très fournis ; leurs larges yeux noirs brillaient dans leurs visages pâles ; elles me rappelaient vivement deux jeunes Turques de Constantinople qui avaient été en classe avec moi. Elles avaient empilé leurs bizarres manteaux et leurs voiles semblables à un treillage sur l'appui des fenêtres.

Assise sur un banc, je remarque que ma voisine allaite un petit garçon, tout en suivant du doigt le texte en langue ouzbek, imprimé en caractères latins. Après la leçon, les jeunes femmes veulent me faire mettre un de leurs voiles et elles rient de tout leur cœur en me voyant suffoquer sous cet objet malpropre. Le maître me montre ensuite la clinique, la crèche, la bibliothèque, la salle de concert du club. Nous parlons de l'ignorance dans le Turkestan et tombons d'accord sur le fait qu'il faudra bien des années pour en avoir raison. Il me raconte que précédemment les femmes étaient mariées dès qu'elles avaient douze ans et restaient toute leur vie dans le harem.

Nous nous dirigions vers sa maison, car il avait bien voulu me donner un aperçu du genre de vie de sa femme qui, elle, était moderne, allait et venait sans voile et suivait des cours au « technichum » pédagogique. Dans une toute petite cour, derrière un paravent, elle faisait cuire la soupe qu'elle nous apporta ensuite, tandis que nous étions assis par terre.

Derrière moi, on pouvait voir quelques livres de classe ; les couvertures piquées qu'on déroulerait pour la nuit ; dans le mur, des niches creuses pour les théières et les assiettes — et c'était tout. La jeune femme attendit que nous ayons fini pour manger elle-même. J'aimais ses yeux vifs, ses deux longues tresses, ses taches de rousseur et je regrettais qu'elle ne sache parler que sa langue maternelle, l'ouzbek.

Le sort du Turkestan à cette époque dépendait de la récolte de coton : on ne recevait du blé qu'en proportion du coton livré. Et Tachkent étant pour ainsi dire le quartier général de l'offensive du coton, il fallait que le chiffre indiqué par le plan quinquennal fût atteint.

Accompagnée d'un journaliste, je visitai une ferme collective. Nous suivîmes des canaux d'irrigation qui séparaient des champs de niveau inégal et j'appris que l'eau qui coulait à mes pieds venait du Syr-Daria dont j'avais vu la source très haut dans le T'ien-chan.

Au temps où le pays appartenait à l'émir de Boukhara, les impôts étaient calculés suivant la quantité d'eau demandée pour ses champs par chaque usager ; mais les paysans étaient exploités par le riche *bek*, le capitaliste qui possédait l'eau et contraignait le paysan à payer une somme imposée, quelle qu'elle fût. De nos jours la distribution est réglée scientifiquement et les coopératives pourvoient aux besoins des paysans.

Des femmes étaient occupées à la cueillette et leurs jupes repliées étaient remplies de balles blanches comme neige, de sorte que l'on pouvait voir leurs pantalons étroitement serrés aux chevilles. A la vue de mon guide, effarouchées, ces femmes ramenaient devant leur visage un coin de leur mouchoir de tête. La quantité ramassée par chacune était inscrite car le salaire était calculé sur le rendement. Deux cents personnes travaillaient ensemble ici. On m'a dit que dans quelques fermes ultra-modernes la cueillette est faite par des camions équipés avec des aspirateurs.

A Tachkent, c'est par un sentiment de devoir que je m'étais efforcée de me documenter. Mais quand j'arrivai à Samarkand, je devins une autre personne car ma curiosité était profondément sollicitée : j'allais voir les restes de ce qui était au XIVe siècle la capitale de l'Asie sous le règne de Tamerlan ; j'allais visiter la cité dont j'ignorais tout, sauf la magie de son nom ! Comme je n'avais à son sujet aucune idée préconçue, les ruines ne risquaient pas de me décevoir ; de ce qui m'attendait, tout serait pour moi une découverte.

Le Centre touristique est ouvert et la chance veut qu'il se trouve au cœur de la vieille ville, dans une des medersas qui limitent la place du Réghistan ; cette medersa ayant cessé d'être un collège musulman, on loge les touristes dans les cellules blanchies à la chaux. Chacun se procure de quoi manger comme il peut.

C'est un plaisir de regarder la cour paisible dont les murs sont ornés de mosaïques émaillées ; mais il y plus de charme encore à monter sur le toit pour y rêver, dans l'ombre qu'y projette le dôme de notre mosquée. De cette terrasse solitaire, mon regard embrasse une mer de toits plats ; des ânes braient dans les cours du caravansérail et ce bruit fait partie du paysage, autant que cette lumière cristalline dans laquelle tout est baigné. Au loin, une chaîne de montagnes est couverte de neige.

Le square du Réghistan, limité sur trois côtés par les imposantes façades des medersas récemment restaurées, produit une impression saisissante. De ces façades, deux sont flanquées de hauts minarets qui, sans leurs mosaïques de faïence, auraient l'air de cheminées d'usine. Un des minarets est en réparation car il s'inclinait dangereusement. Après avoir été ceinturé de câbles jusqu'à la moitié de sa hauteur, il est presque rétabli dans sa position verticale par une lente traction exercée pendant dix-huit mois.

Les belles arches des portiques qui ornent chacune des façades et le bleu merveilleux des carreaux émaillés qui recouvrent toute la surface produisent une impression de grande élégance.

Le bâtiment le plus ancien a été érigé en 1417

par l'astronome Ulug beg, petit-fils et successeur de Tamerlan. Actuellement, il sert de musée et de local au Bureau féminin de la ville. J'y trouve un artiste en train de travailler à une peinture qui commémore le défilé des femmes émancipées dans le Réghistan, quand pour la première fois elles se sont débarrassées de leurs voiles et les ont jetés dans de grands feux de joie. En accomplissant ce geste révolutionnaire, beaucoup de femmes agissaient contre la volonté de leur mari ; battues en punition de leur désobéissance, quelques-unes furent même tuées. Pour nous qui n'avons pas vécu dans ces communautés musulmanes aux mœurs démodées, il est impossible de se représenter à quel point les nouvelles coutumes sont choquantes pour ces gens attachés à leurs traditions.

Actuellement, la loi soviétique interdit la polygamie ainsi que le mariage au-dessous de seize ans et exige un certificat de bonne santé. Autrefois, on n'enseignait pas aux femmes à écrire de peur que cela ne leur servît à entrer en correspondance avec des hommes. Les femmes n'avaient pas le droit de pénétrer dans les mosquées ; elles allaient prier sur les tombes des saints et donnaient de l'argent au mollah ; elles n'avaient pas, semble-t-il, les plus élémentaires notions d'hygiène ; en cas de besoin, elles consultaient la femme-chaman, qui procédait à des exorcismes.

Quant à la medersa de Shir-Dar qui fait face à Ulug beg, j'apprends qu'on ne peut pas la visiter : c'est la prison. Je regarde quarante *bassmatchi* (rebelles) qu'on amène dans ma cour pour leur jugement. Jusqu'en 1924, ils étaient arrivés à contrecarrer les bolcheviks, mais depuis ils ont perdu toute influence politique.

Une foule épaisse remplit la cour dont les issues sont gardées par des soldats à cheval. Le juge est assis à une table sous un buste de Lénine. Il commence à pleuvoir, les accusés frissonnent, dix-neuf d'entre eux s'entendent condamner à mort, et je vois leurs têtes s'incliner sur leur poitrine. Leurs femmes qui sont là parmi la foule éclatent en lamentations et en hurlements.

Qu'ont-ils donc fait ? Je comprends à peine le marmottement monotone du juge et tout ce que sait mon voisin, c'est que leur chef Amrista a été emprisonné douze fois, et que ses évasions l'ont rendu célèbre. Un autre est accusé de brigandage. Mais la plupart d'entre eux sont coupables de critiques contre le gouvernement, de sabotages ou d'avoir organisé des razzias dans des fermes qui avaient accepté le collectivisme.

Pendant un moment, en voyant l'hostilité de la foule, j'ai peur qu'il n'y ait des tentatives pour libérer quelques-uns de ces prisonniers. Mais c'est ma nervosité qui m'inspire cette crainte... parce que je fais usage de mon appareil photographique, et je sais que je cours le risque de me le voir confisquer une fois de plus.

La femme de Tamerlan, Bibi Khanoum, sa belle favorite, était d'origine mongole. Pendant une des absences de son mari, elle décida de construire la plus grande mosquée d'Asie, et il lui délégua les artisans les plus habiles qu'il pût trouver parmi ses prisonniers. Cela se passait en 1400. Jour après jour, la princesse venait sur les lieux pour voir les progrès du travail, et pour qu'elle continue ses visites, l'architecte arabe qui était amoureux d'elle inventait toujours de nouvelles raisons de délais. Elle finit par s'impatienter et demanda :

« Que faut-il faire pour activer le travail ?

— Accordez-moi la permission de mettre sur votre joue un baiser », répondit-il.

Elle y consentit, mais seulement après avoir appris que le retour de Timour (Tamerlan) à Samarkand était proche ; le baiser fut si ardent qu'il lui brûla la joue à travers sa main qu'elle avait interposée au dernier moment, y laissant une marque foncée que rien ne put effacer. Sur quoi, elle ordonna à toutes les femmes de se voiler le visage et Timour à son retour en demanda la raison. « C'est pour épargner notre pudeur », dit-elle. Mais Timour apprit la vérité et donna l'ordre d'enterrer Bibi Khanoum vivante dans le mausolée qui était déjà préparé pour elle. Quant à l'architecte arabe, on le poursuivit jusqu'au haut d'un minaret, mais là, des ailes apparurent à ses épaules et il prit son en vol vers le sud.

J'arpente la vaste cour, aujourd'hui déserte, et je lève les yeux vers la coupole fendue qui domine une belle arche haute de vingt-cinq mètres. Le dôme étincelant d'émail bleu turquoise est flanqué de deux énormes minarets et le bleu du ciel dans son voisinage paraît d'autant plus foncé. Ce merveilleux dôme, haut de cinquante-cinq mètres, a subi bien des mésaventures au cours des âges. Non seulement il a été construit trop vite (malgré l'amoureux arabe), mais les tremblements de terre et les obus russes en 1868 en ont fait une ruine que rien ne pourra plus sauver.

Dans une autre partie de la ville, je visite le Gour-Émir, le mausolée de Timour. De très loin, au-dessus des toits plats, la coupole coupée de nervures, ressemble à un melon colossal, ou à un étrange ballon captif retenu dans la verdure. Au centre d'une chambre obscure, il y a un simple sarcophage de jade sombre. Mais les restes du conquérant boiteux sont enterrés dans la crypte, au-dessous du sarcophage.

Tamerlan, comme son prédécesseur Gengis khān, était renommé pour sa cruauté : on dit qu'il ordonna de tels massacres qu'on put bâtir des pyramides avec les crânes des victimes. Il n'épargnait que les poètes et les artistes qu'il groupait dans sa cour très brillante et dont il utilisait les talents.

Il avait de naissance les cheveux blancs et on disait qu'il n'avait jamais versé une larme. Bien qu'il fût boiteux, sa force était telle qu'il aurait pu renverser même Rustam, l'Hercule asiatique. Par-dessus tout, il aimait la vérité ; quiconque lui disait un mensonge était mis à mort.

Pendant les quelques semaines que je passe à Samarkand, je visite d'autres ruines inoubliables. J'apprends des faits historiques qui remontent jusqu'à l'époque où Alexandre le Grand mariait ses guerriers grecs à des femmes du pays, essayant d'unir dans une descendance commune l'Europe et l'Asie. Aujourd'hui, Staline a transformé ce qui était l'émirat de Boukhara en République socialiste soviétique d'Ouzbékistan. C'est un nouveau mariage forcé de l'Asie avec l'Occident, russe cette fois et non plus macédonien. Quel en sera le résultat ?

Mais le passé n'est pas seul à m'intéresser. Je me suis liée avec une jolie femme, d'apparence délicate, Maroussia, dont le mari est professeur à l'université et dont le métier est de conduire un camion. Elle s'en tire avec maestria, sur de mauvaises routes aux tournants brusques, et c'est un plaisir d'être à côté d'elle quand elle conduit. Je fais la connaissance de ses amis, mécaniciens et chauffeurs, je vois quelle est leur vie, je mange avec eux dans leurs cantines et ils m'aident à connaître quelque chose de la vie rurale. Je passe souvent la soirée en leur compagnie, assise à la turque sur les estrades des *tchaikhana*, à écouter des tambourins que battent des doigts experts, en buvant du thé vert et en grignotant des pistaches, le passe-temps favori de la population masculine. Les femmes ouzbeks ne se laissent jamais voir en public.

Ma curiosité étant un peu apaisée, je rassemble tout mon courage pour voyager une fois de plus par le train. J'arrive à Boukhara qui fut une ville sainte, résidence des émirs et capitale du Turkestan russe. Mais le dernier émir a fui devant l'Armée Rouge et s'est réfugié en Afghanistan.

Pendant longtemps, la ville a été interdite aux non-musulmans. En 1840, aller à Boukhara était un exploit que seuls quelques audacieux chercheurs d'aventures ont accompli. Par exemple le Hongrois Vambéry, dont l'histoire a été écrite et nous apprend qu'il se fit passer pour musulman et parvint ainsi à connaître à fond l'Asie centrale.

Deux Anglais, Stoddart et Conolly, furent moins heureux. Ils étaient venus ouvertement pour traiter une affaire commerciale avec la permission de l'émir ; mais ignorant l'étiquette asiatique, ils commirent de nombreuses maladresses. L'orgueil déplacé dont ils firent preuve, joint aux intrigues de courtisans qui avaient juré de se débarrasser d'eux, fut cause de leur mort. Dans les pays orientaux, comme autrefois en Europe, les souverains infligeaient des condamnations arbitraires, pratiquaient le meurtre et l'empoisonnement — tout le monde trouvait cela naturel. A Boukhara, l'émir Nasir Ullah avait tué cinq de ses frères afin d'accéder au trône ! A cette époque, chaque famille possédait au minimum un esclave persan sur lequel elle avait droit de vie et de mort. Précipiter les gens du haut du minaret de la mosquée de Kalan, haut de cinquante-quatre mètres, était un des moyens d'exécution les plus goûtés.

En 1843, un tel mystère planait encore sur le sort de Stoddart et Conolly qu'un homme hardi, le révérend Joseph Wolff vint à Boukhara faire une enquête à leur sujet. Plus habile que ses compatriotes, Wolff n'hésita pas à s'incliner jusqu'à terre à plusieurs reprises devant l'émir. Et il rapporte l'étonnement de ce prince qui s'exclama : « Je peux tuer autant de milliers de Persans qu'il me plaît sans que personne ne s'en soucie. Maintenant que j'ai mis la main sur deux Anglais, un prêtre franchit toute la distance de Londres jusqu'ici pour savoir ce qui s'est passé ! »

En 1932, la population de Boukhara la Déchue atteignait à peine un quart de ce qu'elle avait été ; avec ses nombreuses maisons de torchis en ruines, elle offrait un spectacle désolant. Mais les gouvernants soviétiques ont déjà bien changé les choses ; le palais des émirs, par exemple, a été transformé en un « technichum » pédagogique, et on a établi des canalisations d'eau potable.

Cela était indispensable. N'ayant pas de rivière, Boukhara ne pouvait que mettre en réserve l'eau qui lui arrivait par la rivière qui vient de Samarkand. Ces réservoirs à ciel ouvert étaient utilisés par tout le monde pour des besoins domestiques, de façon absolument contraire à toute hygiène. Il en résultait que la population souffrait des fièvres et du *richta* ou « filaire de Médine ». Bien fixé sous la peau, ce parasite peut atteindre une longueur de près d'un mètre ; les barbiers pratiquaient sur leurs clients une opération par étapes qui consistait à tirer chaque jour deux ou trois centimètres de ver qu'ils enroulaient à un bâtonnet de bois. Il y fallait beaucoup de soin, sans quoi le ver cassait et tout était à recommencer.

Maintenant le grand réservoir devant la medersa où je couche est à sec, et les rues poussiéreuses sont arrosées à l'aide d'outres reluisantes que l'on remplit à la prise d'eau placée au coin du square. Mais la situation alimentaire est critique ; je ne peux me procurer du pain qu'en faisant la queue tous les jours à la boulangerie coopérative.

C'est une bonne occasion d'apprendre à connaître le caractère des Russes qui m'entourent (les Ouzbeks, eux, ne mangent pas de pain ; ils font eux-mêmes leurs galettes de maïs ou de blé). Tout en bavardant et même en plaisantant, ils attendent patiemment des heures durant et n'accusent rien ni personne de cet exaspérant état de choses. Cette résignation m'intrigue. Vient-elle de leur grande habitude de la souffrance ? A Paris, si quoi que ce soit de ce genre se produit, les gens ont l'air excédé, ou bien ils parlent et gesticulent, ne pouvant s'empêcher d'extérioriser leur état d'esprit.

Je passe le plus clair de mon temps au bazar, c'est-à-dire dans les quelques rues délabrées où tout le monde se serre autour d'une douzaine de boutiques ouvertes. Là, les marchands ambulants sont nombreux dans une foule composée de types asiatiques très variés qui offrent un spectacle fascinant.

Je finis comme tout le monde par vendre ce dont je peux me passer. Il ne me reste que très peu d'argent et il faut que je retourne à Moscou. Je n'ai pas les moyens d'aller au Tadjikistan, au sud-est de Samarkand, où, au milieu de quelques-unes des montagnes les plus hautes du monde, les Soviets édifient une république moderne qui forme, avec l'Afghanistan voisin, un contraste frappant. Dans les hautes vallées en particulier, je voudrais voir ces hommes et ces femmes renommés pour leur peau blanche et leurs grands yeux clairs. Oh ! quel monde que le nôtre ! Combien j'aime sa variété, sa beauté, son humanité qui lutte toujours. Et comment pourrai-je jamais voir de mes propres yeux tout ce qui m'attire si fortement ?

Mais pour le moment, il faut que je tire le meilleur parti possible de ce dont je dispose. Le train peut me ramener directement à Moscou par la ligne transcaspienne. Mais comme ce serait insipide ! J'entends dire qu'il y a des bateaux qui desservent l'Amou-Daria, la large rivière qui descend du Pamir à la mer d'Aral, au-delà des déserts de sable du Turkménistan. On m'a dit aussi qu'il y a des tribus indépendantes qui errent encore dans le Kara-Koum, se refusant à obéir aux lois nouvelles. Elles groupent autour d'elles les brigands du Turkestan ; montant des chevaux non ferrés qui ont de larges sabots bien adaptés aux sables, elles réussissent encore à échapper à leurs poursuivants. Pourquoi ne pas essayer de prendre cette direction pour visiter aussi Khiva, la capitale lointaine d'un ancien khānat ? Traversant ensuite la mer d'Aral, il serait bien temps alors de prendre le train…

Oui, ce projet me tente : il me donne l'impression d'un nouveau départ et le retour en devient moins triste. Bien entendu, je ne peux absolument pas savoir si j'ai assez d'argent pour ce voyage. Mais c'est le jeu, et cela n'arriverait certainement pas si je ne suivais que les itinéraires connus de l'Agence Cook et fils.

Je laisse derrière moi Boukhara qui, péniblement, du fond du passé, ressuscite et prend part au combat sur « le front du coton ». Un train de marchandises plein de Kazakhs affamés, nomades venus des steppes du Nord, m'emporte jusqu'à l'Amou-Daria, l'Oxus des Anciens qui donna jadis son nom à la Transoxiane.

La nuit tombe, je me mets à la recherche d'une charrette qui puisse me mener à la rivière. Le charretier me dit qu'il ne fait pas ce trajet de nuit, il y a des *bassmatchi* qui rôdent et qui pourraient être tentés par son cheval. Il me faut donc, avec mon chargement, faire à pied plus de six kilomètres dans des terrains vagues.

Au port (quelques tentes et un ponton fixé à la rive), j'apprends qu'un bateau partira le lendemain de bon matin, avec cent quarante passagers au lieu de quatre-vingt-dix, nombre réglementaire. Il y a une ligne de cargos sur la mer d'Aral mais pas de service régulier sur la partie inférieure de l'Amou-Daria.

Non sans user d'un peu de bluff, j'ai réussi à m'embarquer sur ce petit bateau à aubes, le

Pélican ; il va mettre huit jours pour atteindre le port de Khiva. Les cabines, le pont, les banquettes, le dessus des tambours sont déjà surchargés de monde ; la cambuse du commissaire aux vivres fera mon affaire et j'étends sur son toit mon sac de couchage !

Chaque soir on amarre le bateau à la rive : il serait impossible de trouver son chemin dans l'obscurité parmi les bancs de sables mouvants. Même de jour, il nous arrive souvent de nous échouer, bien que notre bateau à fond plat cale moins d'un mètre.

Nous dépassons beaucoup de cayouks, grosses embarcations indigènes, gréées avec des voiles carrées, qui transportent des balles de coton. Les hommes d'équipage portent d'énormes colbacks noirs en mouton ; parfois, tandis qu'ils hâlent le cayouk à contre-courant, ils se profilent au sommet d'une falaise, semblables aux bateliers de la Volga.

J'ai fait la connaissance du mécanicien et j'ai installé mon réchaud dans sa cambuse ; en faisant moi-même ma cuisine, j'économise les trois roubles que coûte la soupe préparée par le cuistot du *Pélican*. Je remarque que lorsque la vie courante est hérissée de difficultés, la plupart des gens prennent un air victorieux, comme s'ils se félicitaient hautement d'avoir réussi à rester en vie — et je commence à les comprendre !

A mi-trajet sur la rivière, nous embarquons un ingénieur et son assistant ; ils essaient de construire, au seul point où la rivière se rétrécit entre des rives rocheuses, un barrage grâce auquel l'irrigation de trois mille hectares de désert deviendra possible. La femme qui campe à mes pieds découvre que sa dernière miche de pain a été volée ; étant à court de vivres moi-même, je n'ai rien à partager avec elle. « Heureusement que nous arrivons demain à Tourtkoul, dit-elle, c'est une terre d'abondance et c'est pour cela que le bateau est si plein. Quand il remonte la rivière, le *Pélican* voyage à vide. » Sa remarque me fait penser à Karakol en Kirghizie où la nourriture était abondante aussi. J'en conclus que dans ce pays, les gens qui vivent à des centaines de kilomètres des voies ferrées sont privilégiés.

Je décide d'interrompre mon voyage à Tourtkoul pour regarnir mon sac ; je débarque sur le rivage qui s'éboule, et gagne un champ de coton fané.

Dans la soi-disant ville, à quelques kilomètres de là, il n'y a pas de centre Sovtourist et je fais sensation, car je suis le premier « touriste » que les habitants aient vu de leur vie. Quelques-uns des indigènes qui se précipitent pour me regarder ont l'air profondément désappointés ; je commence à croire qu'ils s'attendaient à ce que j'aie la peau bleue ou une caméra vissée sur le front ! Heureusement, l'un des employés russes du bureau où je me renseigne m'invite dans sa famille.

Tourtkoul, qui s'appelait autrefois Petro-Alexandrovsk, pousse comme un champignon depuis qu'elle est devenue la capitale de la République des Karakalpaks. L'architecte du gouvernement me fait la description de quelques-uns des plans que l'on a établis ; ils sont si merveilleux que je ne peux m'empêcher de les trouver téméraires. Heureusement, nous avons un autre sujet de conversation sur lequel je peux m'exprimer avec plus de liberté, car, photographe enthousiaste, il est muni de tout le nécessaire pour développer des films Leica.

Quand j'ai quitté Berlin, mes délicats négatifs panchromatiques n'étaient déjà plus très récents, et pendant les six derniers mois ils ont traversé des températures extrêmes. Je crains qu'ils ne se détériorent si je tarde trop à les développer et j'accepte avec joie l'offre que me fait l'architecte de me servir de son matériel : c'est une entreprise compliquée dont je me souviendrai longtemps ! N'ayant pas de chambre noire, je ne peux travailler que de nuit. Quant à l'eau, il me faut aller la chercher à un puits alimenté par un canal venu de l'Amou-Daria ; elle est bonne, à condition qu'elle ait suffisamment déposé son limon. J'oublie de mentionner une chose : c'est que l'hiver russe a commencé et que l'eau est près de geler. Mes mains sont rouges, engourdies et gonflées par le froid. Je développe un premier film, choisi au hasard en souhaitant que ce ne soit pas l'un des plus importants ; sans le vouloir je le place à l'envers sur son support en Celluloïd de sorte que l'émulsion se détache dans le bain de révélateur. Je découvre alors que c'est la bobine qu'au prix de si héroïques efforts j'ai prise en grimpant au Sari-Tor. Quelle bêtise j'ai faite ! J'en ai les larmes aux yeux.

Les gens autour de moi ont l'air de penser qu'ayant atteint l'Eldorado qu'est Tourtkoul, où on peut avoir viande, beurre et savon sans carte de rationnement, je vais de toute évidence y passer l'hiver. Mais il faut que je me hâte de continuer mon voyage ; l'Amou-Daria et la mer d'Aral seront tous deux gelés à bref délai, et je me demande même si j'aurai le temps d'atteindre mon objectif.

Quand je demande s'il y a un moyen de se joindre à une caravane et de traverser le désert pour arriver à la ligne de chemin de fer du Nord, les gens me traitent de folle. « Vous mourrez de froid ! Vous n'avez aucune idée de ce que c'est que de rester quarante jours à dos de chameau par un froid de 35° au-dessous de zéro ! »

Mais j'aime mieux mourir que de prendre au retour le chemin que j'ai pris à l'aller, ce qui veut dire : « En avant ! » Il faut sauter immédiatement sur le premier bateau qui descendra la rivière.

Au port, qui n'est signalé que par quelques tentes, j'attends patiemment, assise par terre. Le froid est si intense que les gens se sont tous enfouis dans leurs couvertures et leurs sacs de couchage ; c'est là que pour la première fois au cours de mon voyage, deux soupçonneux policiers d'État me ramènent de force en ville, où ils se font montrer tous mes documents. C'est une épreuve pour les nerfs : je me demande en quoi on peut me trouver fautive, et toutes les terribles histoires que j'ai entendues sur la police russe me reviennent à la mémoire ! Mais ils ne peuvent rien trouver à me reprocher, déclarent qu'ils m'ont prise pour quelqu'un d'autre et me ramènent au port.

Un petit bateau à moteur et ensuite un cayouk m'emmènent vers le nord, jusqu'à un débarcadère à proximité de Khiva — j'ai décidé, à quelque prix que ce soit, de visiter cette vieille ville. Il se trouve aussi que le bateau de passagers pour la mer d'Aral ne passe que tous les cinq jours : il est supposé devoir atteindre la mer avant le moment où elle gèle, à la fin de novembre.

Pour gagner Khiva, située à quarante-cinq kilomètres à l'ouest, j'emprunte la carriole de la poste. Le bureau est tenu par un ménage de postiers russes qui, très gentiment, m'autorisent à camper dans un coin de leur chambre. Sur une bicyclette d'emprunt — il n'y en a que quatre dans toute la ville — je vais visiter l'oasis voisine. Par ce temps hivernal, les arbres et les champs sont sans vie et sans couleur, isolés et lointains, environnés qu'ils sont d'immenses déserts. Mais cette ville en sommeil vaut la peine d'être vue. L'étrange vieux palais démodé montre que les khāns n'avaient pas complètement rompu avec les traditions de leurs ancêtres nomades. Le harem qui logeait les quatre-vingts femmes du prince est devenu un institut pédagogique.

Ce n'est pas sans peine et sans énervement que je parviens à être de retour près de la rivière pour le moment où l'arrivée du bateau est prévue ; mais il n'est pas encore là et il se fait attendre quelques jours. Je m'installe dans une vedette à moteur amarrée au rivage, où un docteur s'est arrangé pour vivre avec sa femme et ses deux enfants. On me cède le banc qui sert de lit au fils aîné ; il ira dormir dans le bureau du port sur la table. L'hospitalité toujours offerte par de pauvres gens est la plus belle découverte que j'aie faite au cours de mon voyage ; plus d'une fois, pendant des jours d'isolement, elle m'a réchauffé le cœur ; j'y puisais l'assurance que la fraternité entre les hommes, que l'on prêche tant, n'est en fin de compte pas tellement une utopie...

Poussée par mon désir de visiter des régions très éloignées, j'ai fini par échouer ici, à sept cents kilomètres de la voie ferrée la plus proche, sur la rive de l'Amou-Daria qui est sur le point de geler. Si la navigation est interrompue, il me restera à choisir entre attendre quatre mois dans ce coin reculé du monde jusqu'au moment où la débâcle se produira ou tenter la traversée du désert avec une caravane.

La certitude qu'il n'y a que ces deux issues est inquiétante et je m'aperçois que dans cette situation difficile, la curiosité que m'inspire le pays et mon désir de rencontrer des tribus rebelles ont reculé à l'arrière-plan. Le bateau apparaît enfin, mais il s'échoue en pleine rivière pendant des heures et je ne peux plus dominer mon énervement.

Je me trouve parmi les quelques passagers qu'on a parqués à bord d'un bateau désarmé, amarré en couple d'une vedette à aubes surchargée qui porte le nom, peu approprié, d'*Hirondelle*. Le froid est devenu intense. On ne peut penser à rien d'autre. Pour arriver à nous en préserver un peu, à l'intérieur de cette lamentable carcasse, nous arrachons quelques morceaux de boiseries et nous les faisons brûler sur une plaque de fer.

Chargée du poids mort de notre coque, l'*Hi-*

rondelle n'a pas assez de vitesse et obéit à peine au gouvernail ; aussi nous arrive-t-il souvent de nous échouer. On essaie une nouvelle technique : notre embarcation est prise en remorque, mais alors, surprise par un courant, elle est entraînée de côté et atterrit sur un banc de sable. Tout le monde pousse avec des perches. Quand il est démontré que nos efforts pour nous remettre à flot resteront vains, il faut attendre encore plusieurs heures que le courant ait déplacé le banc sur lequel nous sommes. Le sentiment d'impuissance que je viens d'éprouver est si insupportable que je passe le reste de la journée à la barre malgré le vent qui me torture, à essayer d'éviter les échouages.

Pendant ce temps, sur quelques bras morts du fleuve, la glace s'est formée, toute blanche. L'hiver est bien là, mon nez gelé me le rappelle aussi.

Nous arrivons à un gros village où des pyramides de balles de coton attendent d'être chargées sur des bateaux qui les emporteront vers le monde civilisé. Nous sommes encore à deux cents kilomètres de la mer. Nous apprenons alors que nous avons pris toute cette peine en pure perte : le dernier cargo de l'année a quitté hier l'embouchure de l'Amou-Daria !

Des passagers incrédules, en voyant que le bateau est encore en eau libre, décident de continuer leur voyage jusqu'à la mer. Mais je me fie au télégraphiste : il nous explique que le froid a commencé beaucoup plus tôt à l'autre extrémité de la mer d'Aral, éloignée de six cents kilomètres vers le nord. C'est justement d'ici, me dit-on, qu'il vaut mieux partir si l'on veut entreprendre le voyage par terre ; je quitte donc, sans regrets, notre primitive embarcation.

Le paternel capitaine de l'*Hirondelle* est tout ce qu'il y a de plus secourable ; il me donne du poisson sec et me dit que je peux réquisitionner six miches de pain à la boulangerie du village. Il me prévient aussi que si je n'ai pas de manteau en peau de mouton, je suis exposée à mourir de froid, si le « bourrane » commence à souffler du nord. Je ne sais vraiment pas à quoi je vais me décider ; tout ce que je sais, c'est qu'il faut que j'atteigne un village aux confins du désert où je pourrai peut-être trouver des chameaux ; mais ce plan m'a l'air assez risqué.

J'arrive au village après avoir été ballottée tout un jour dans une charrette à deux roues, à travers des espaces sablonneux et des champs de coton desséchés. Mais on me dit de continuer vers l'est jusqu'à Takhta-Koupir, le seul endroit où l'on puisse trouver des chameaux. Je repars donc dans cet horrible panier à salade.

Et je couche, à mi-chemin, dans une maison pleine de voyageurs ; le matin, au réveil, je m'aperçois que les chaussures de montagne qui me servaient d'oreiller m'ont été volées pendant la nuit. Ce qui montre à la fois l'habileté des Kazakhs et la profondeur de mon sommeil !

En chaussettes de laine, j'arrive au dernier hameau que l'on trouve dans cette partie du monde. Trois Russes seulement vivent dans cet endroit désert et froid : une femme médecin, un géomètre arpenteur et un officier de ravitaillement qui m'offre de camper dans la hutte de pisé qu'il partage avec une famille kazakh. Comme leurs cousins les Kirghiz, les Kazakhs sont d'origine turco-mongole, ce qui se voit à leurs pommettes saillantes et à leurs yeux étroits.

La chance est contre moi ; ce matin même, une famille est partie pour la lointaine ville de Kazalinsk qui est également mon but immédiat. Il est rare que des chameaux partent pour le nord, mais dans trois jours il y aura un marché et il faut que j'attende jusque-là pour pouvoir me renseigner.

Mon hôte est ici depuis six mois, chargé de hâter le transport du coton : j'en ai vu des montagnes le long de la rivière, qui pourriront dès que les brouillards commenceront.

Je vois des chameaux dans le village, mais ils sont tous venus du Kazakhstan au nord, et ne pourront y retourner que munis de céréales : tels sont les ordres. Malheureusement, le Soviet de Takhta-Koupir (qui appartient à la République de Karakalpakie) refuse de rien vendre, car le village n'a rien de plus qu'il ne faut pour ses propres besoins. Quant aux chameaux appartenant au hameau, ils sont de service dans le désert d'où ils doivent rapporter des broussailles.

Pendant ce temps j'ai trouvé à acheter d'occasion des bottes de feutre et le géomètre m'a vendu une peau de bique : il consent à être payé par mandat à mon retour à Moscou. Quelle preuve de bonté véritable il me donne là !

En fourrageant au dépôt de la coopérative, je ris de tout mon cœur en découvrant vingt caisses d'un article qu'il est impossible de trouver à Moscou : des bas de soie ! Par quelle succession d'erreurs ont-ils échoué ici, où les femmes kazakhs portent de longues robes par-dessus leurs pantalons rentrés dans des bottes ?

Au bazar j'achète de la viande pour quinze jours ; c'est du chameau que je fais cuire et que je coupe en tranches avant qu'il ne gèle et forme un bloc trop dur (c'est aussi de la viande de chameau que l'on fait griller en petits cubes sur des brochettes au-dessus des feux de charbon de bois, à l'auberge, au bord de la route). A la fin, deux Kazakhs, qui ne parlent que le turki et ont toute l'apparence de Mongols sous leurs volumineuses fourrures, viennent me dire qu'ils partent ce soir même pour Kazalinsk.

Ils tiennent parole — ce dont mon hôte se montre étonné — et, au crépuscule, je laisse derrière moi le hameau, perchée sur un chameau pour la première fois de ma vie. Aux abords du village, nous nous dirigeons vers une tente de feutre pareille en tous points aux yourtes des Kirghiz. La femme du vieil Akhmet Ali est en train de pétrir de la pâte qui servira à épaissir la soupe. Après quoi nous dormons trois heures auprès du feu central (dans l'impossibilité de parler et de comprendre, je n'ai qu'à suivre le mouvement). A minuit, comme des milliers de diamants, les étoiles éclairent notre départ silencieux ; la brise pique, on dirait que la terre est prête à craquer de froid dans l'air vibrant.

Un jeune garçon, en tête, suit la piste à pied. Akhmet Ali et Nurman, son fils, sont perchés sur le premier chameau. Je viens ensuite seule, assise sur le chargement d'un animal plus petit ; derrière moi, rattachée au bât par une corde mince passée dans ses naseaux, une chamelle nous suit de mauvais gré, rechignant à cause du petit qu'elle laisse au camp.

Et nous allons de l'avant, ayant quatre cent cinquante kilomètres à parcourir, d'abord en zigzaguant parmi des buissons bas, ensuite tout droit à travers des sables couverts de neige. Nos étapes sont des plus irrégulières : elles dépendent probablement de la distance qui sépare les points d'eau, ou bien on les détermine d'après la quantité des buissons clairsemés que mangent les chameaux, là où l'on fait halte.

Pendant les premiers jours, je souffre de crampes et mon dos est raide ; c'est que je ne suis pas habituée à cet étrange mouvement qui fait incessamment balancer votre buste d'arrière en avant, que vous soyez assis ou couché. Nous ne prenons jamais plus de trois ou quatre heures de repos consécutives, et comme j'ai toujours sommeil, j'essaie de dormir sur ma bête, bien que j'aie peur de tomber par terre.

L'eau que nous tirons de puits profonds est si saumâtre que notre thé ressemble à une médecine. Au début, je n'arrivais pas à en boire plus de deux gorgées ; ensuite, quand nous campons sur les bords de la mer d'Aral, Nurman en rapporte un bloc de glace à faire fondre, et par comparaison, il paraît délicieux ; mais il vaut mieux ne pas le sucrer non plus. Quand j'ai faim, je fais dégeler dans la poêle un morceau de ma viande de chameau.

Le soir nous balayons la neige sous le vent des chameaux ; on y est à l'abri ; ils nous protègent un peu. Dès que le feu est éteint, le froid qui guette se fait sentir de nouveau, il est impossible de réunir assez de broussailles pour avoir un feu ininterrompu. Mon système est d'endosser tous les vêtements que je possède avant de m'engouffrer dans mon sac de couchage, tandis que les Kazakhs ont une autre méthode : ils se déshabillent jusqu'à leurs longues chemises puis ils s'étendent sur le sol et empilent tous leurs habits sur eux. J'ai beau rassembler tout mon courage, je ne me décide pas, malgré mon désir de tout expérimenter, à tâter de ce procédé ! Mais quelquefois, je dors vraiment bien et j'ai la surprise, à mon réveil, de me trouver ensevelie sous une couche de neige fraîche et diaphane. Pendant la marche, quand je sens que le froid me raidit complètement, je glisse à bas de ma monture et je vais un moment à pied. Mais bien que les chameaux hautains ne fassent pas plus de trois kilomètres à l'heure, je ne peux pas les suivre, tellement ma pelisse en peau de mouton est monumentale, et mes pieds alourdis par mes énormes bottes de feutre. Je suis vite en nage et je gèle le moment d'après, quand je remonte sur mon siège surélevé, fait de sacs de grains entassés.

Une nuit, étant à pied, je m'arrête deux minutes ; et quand je cherche à voir mes compagnons, l'obscurité a déjà englouti leurs hautes silhouettes et le son clair des clochettes. J'appelle encore et encore. Étouffée par le vide immense, ma voix est impuissante.

Mon sang se glace. De nouveau je crie, je hurle ! Je ne vois pas ce que je pourrais faire de plus. Si, en essayant d'avancer, je m'écarte tant soit peu de la direction qu'ils suivent, je ne ferai qu'empirer la situation. Immobilisée, il me faut attendre. Alors, une réponse... ou bien est-elle dans mon imagination ? Et, impossible de discerner d'où elle vient... Enfin on vient à moi, nous voilà de nouveau réunis. Mais quelle frayeur et quel sentiment d'impuissance totale j'ai éprouvés ! L'aube commence à poindre et j'admire les couleurs qui se succèdent sur les nuages — gris, violet, orange, or et blanc, aussi blanc finalement que la terre à mes pieds.

Maintenant que l'eau est devenue rare, la neige est utile pour étancher la soif de nos bêtes ; elles se mettent à en manger pendant leur marche. Elles buvaient énormément, jusqu'à dix seaux par jour. Peut-être notre eau salée leur donnait-elle soif ?

Je sais maintenant monter sur un chameau sans le faire s'agenouiller chaque fois : je lui abaisse la tête en mettant mon pied sur la corde qui lui passe dans les naseaux, je pose mon autre pied sur la nuque. Bien au-dessus de moi, je saisis le bât d'une main, et alors, le chameau relevant la tête et le cou, je suis hissée jusqu'à mon siège.

Quoique nous ne suivions pas la grande piste par crainte des voleurs, nous commençons à rencontrer des piétons fatigués qui poussent devant eux des ânes chargés de bébés, de loques et d'ustensiles de cuisine. Quand ces vagabonds voient nos sacs, ils s'accrochent au premier chameau, ils implorent et supplient si bien que, contre son propre gré, Akhmet Ali est obligé de leur vendre deux mesures de grain.

Ils disent que sur la piste principale, ce n'est qu'une procession de voyageurs venant du Nord. A mesure que nous avançons, nous croisons beaucoup de familles semblables : des garçons joyeux et rieurs, de vieilles femmes obligées de s'asseoir un moment pour reprendre haleine, des mères qui portent des rouleaux de couvertures ou des samovars — cet emblème de la vie de famille russe !

Ils veulent tous arriver dans le Sud où la nourriture est meilleur marché et la température plus clémente. Ils ont aussi entendu dire qu'on va édifier une grande capitale, à Noukous : ils espèrent y trouver du travail et recommencer leur vie.

Il y en a qui, n'ayant aucune notion des distances, ont déjà épuisé leur provision de farine. Qu'adviendra-t-il d'eux ?

On trouve des ânes morts le long du chemin. Plus loin, on a abattu un chameau qui s'était cassé une jambe et trois hommes sont très affairés à le dépecer.

Pour autant que je puisse comprendre, parmi ces gens quelques-uns ont des griefs contre les fermes collectives dans lesquelles ils ont travaillé. Ils n'ont pas été nourris, ni payés comme on le leur avait promis. D'autres disent qu'ils n'aiment pas obéir à un chef inconnu et préfèrent vivre indépendants, même dans la misère.

Le vent mord ; je vois dans tous les yeux des

larmes gelées et mes narines se collent l'une à l'autre.

Après deux semaines de ce voyage, nous sommes encore dans le désert, mais la piste s'élargit et voici qu'une toute petite maison nous annonce Kazalinsk. Plus loin, Nurman nous conduit à une ferme entourée de roseaux qui est aussi une hutte de pêcheurs, et là, en déchargeant son chameau, il commence à parler comme un moulin. Il se rattrape de son long silence, et c'est peut-être sur moi que roule presque toute la conversation — les énormes quantités de nourriture que je consomme, ce que j'ai fait et ce que je n'ai pas fait. Pour eux le voyage est fini et ils n'ont pas l'air de comprendre mon impatience qui grandit à mesure que je me rapproche d'une vie plus confortable. (Il n'y a rien de tel que d'en voir de toutes les couleurs pour apprécier la valeur des choses ordinaires que, jusque-là, on considérait comme allant de soi.) Ils me conseillent même d'attendre un jour pour traverser le Syr-Daria (ce vieil ami déjà rencontré à sa source et à Tachkent) en me racontant une histoire à dormir debout sur les dangers de la rivière gelée.

La vérité, c'est que mes Kazakhs ne se soucient pas d'être vus dans la ville où leur grain va être vendu quatre fois le prix qu'ils l'ont payé — et très probablement, sans le permis nécessaire pour cette sorte de transaction. Mais j'insiste tellement qu'enfin me voilà tout près de Kazalinsk et de ses peupliers défeuillés qui bordent des canaux d'irrigation. A la gare, après avoir pris mon billet de troisième classe, il me reste juste quatre roubles.

Je fais le voyage dans le minimum de temps, je passe tous mes négatifs en contrebande à la frontière russe, je ne prends même pas le temps à Berlin de remplacer mes vêtements en loques, et je suis de retour chez moi pour le Nouvel An, faisant l'étonnement général par ma corpulence. J'ai mangé autant que j'ai pu pendant plusieurs mois, conformément à la « technique du chameau » (et presque uniquement des farineux pas chers) et j'ai pris quinze kilos ! La famille ne pouvait parler d'autre chose que de cette mauvaise graisse et il fallut que je me visse en entier, dans une glace, pour me rendre compte de l'apparence que je présentais.

De retour en Suisse et avant que j'aie eu le temps d'y penser — plus probablement pour fuir mes pensées —, je fus accaparée par une des plus actives saisons de ski que j'aie jamais vécues. Et le soleil, en projetant mon ombre sur la neige, me montra que ma silhouette était redevenue normale.

CHAPITRE IX

Le ski dans toute sa gloire

Si je n'ai jusqu'ici, dans ma vie, jamais rien fait d'une façon suivie, je crois bien qu'il faut en accuser le ski. Aussitôt l'hiver venu, le souvenir de skis lancés sur la neige fraîche me remplissait d'un désir si lancinant que, où que je fusse — à Berlin, à Paris, ou même à bord de la *Perlette* —, j'interrompais ce que je faisais, ou je cessais de me tracasser au sujet de ce que j'aurais dû faire et je filais vers les hauteurs.

Tous les dimanches, à Genève, je me levais à quatre heures du matin pour attraper le train spécial, réservé aux skieurs. Comment ne pas s'évader des plaines quand on sait qu'au-dessus du brouillard tenace un radieux soleil attend ses adorateurs ?

Je partais même les dimanches où je devais être en scène le soir (je faisais partie d'un studio d'art dramatique). Tout alla bien jusqu'au jour où le train du soir eut près d'une heure de retard ! Je bondis hors de mon taxi, je me précipite à travers les coulisses du théâtre en tenue de ski, je me barbouille d'un peu de maquillage, je m'habille en un clin d'œil et j'entre en scène, n'ayant eu que quelque vingt secondes pour reprendre mes esprits ! Je trouvais le plus grand charme à cette journée, riche en contrastes, mais il n'en fut pas de même du régisseur ! Il était sur le point d'avoir une attaque à la pensée qu'un accident avait pu m'arriver, et finalement il me mit en demeure de choisir une fois pour toutes entre mes planches de hickory et les planches de la scène : existe-t-il un monde où l'on n'a jamais rien à sacrifier, où l'on peut suivre à la fois tous ses penchants ?

Si je n'avais pas été ensorcelée par la neige, par ses joies et ses beautés, peut-être me seraisje fatiguée de mon instabilité, aurais-je entrepris un travail suivi ?

Les pluies de novembre éclaboussant les vitres n'assombrissaient jamais mon humeur. Je savais qu'elles coïncident avec des chutes de neige dans les Alpes. Quelle joie me remplissait le cœur quand les premiers flocons voletaient dans l'air ! Comme ils étaient les bienvenus ! Tombant du ciel pâle, sans fin, sans hâte, les petites plumes grises devenaient soudain blanches en atteignant la rue sombre. Leur apparition en ville signifiait que toutes les pentes là-haut étaient déjà bien capitonnées de neige épaisse.

Chaque année, le 22 décembre, ma famille partait pour l'Oberland bernois ; pendant que mes parents excursionnaient sur les hauteurs, je passais des heures, seule, à m'amuser sur la pente d'exercice.

Une fois, ils m'emmenèrent avec eux à la cabane du Horneggli et je versais des larmes tout le long du chemin, tant cette montée à pied, en portant sur mes épaules mes skis inutiles, m'exténuait. A la descente, cela alla beaucoup mieux, car j'avais adopté un « style canard » de mon crû : fermement plantée sur mes jambes écartées, je partais hardiment sur n'importe quelle pente, quitte à m'asseoir quand il fallait m'arrêter.

Par la suite, quand mes parents ne purent plus quitter Genève, j'allai avec mon frère à Saanenmöser. Nous tenions beaucoup à devenir de bons skieurs, mais la brièveté des vacances de Noël nous obligeait à quitter la neige juste au moment où nous étions sur le point de faire des progrès décisifs. Quand j'eus terminé mes classes, libérée de l'école, je pus enfin commencer à faire du ski sérieusement.

Pour réduire mes frais le plus possible, je vivais chez l'habitant ; je faisais ma cuisine le soir sur un Primus ; à midi, partie dans la montagne, je me contentais d'un déjeuner froid, emporté dans mon sac de montagne.

Oh ! les bons hivers ! Que l'air était pur ! Quelle joie de rencontrer partout des gens exempts de soucis, qui retrouvaient la simplicité de l'enfance, oubliaient tous leurs tracas, n'avaient aucun scrupule à laisser les lettres sans réponse et à ignorer le contenu des journaux. La vie terne des villes était reléguée sur une lointaine planète où régnait la pluie. Ce qui accaparait toutes les pensées, c'était le temps, l'état de la neige, la rapidité de nos « planches », le moyen de corriger une technique défectueuse, les cartes que l'on étudiait pour y découvrir de nouveaux itinéraires, la régularité du hâle qui faisait paraître si blanches nos dents, si gaie la couleur de nos foulards.

A Saanenmöser, un Français, d'un certain âge, qui faisait du ski quatre mois par an, m'initia à son élégant style de Telemark et m'enseigna à tourner des deux côtés ; avec deux autres amis, des Suisses, nous constituâmes une équipe qui, jour après jour, semaine après semaine, se lançait dans les descentes avec une ardeur infatigable.

A cette époque, il n'y avait encore que très peu de téléfériques et de funiculaires. Nous montions en skis, l'un derrière l'autre, zigzaguant lentement au flanc des montagnes. Les peaux de phoques fixées sous nos planches adhéraient bien à l'étroite et profonde trace d'un bleu glacé.

Un monde nouveau apparaissait ; un monde de pentes blanches, de sapins noirs et d'azur, sous les rayons d'or du soleil que la neige fraîche et crissante réfractait dans tous ses cristaux et qui miroitaient sur les buissons tout hérissés d'aiguilles de givre.

Pendant la marche glissée, notre corps suit le rythme des bras qui s'appuient chacun à son tour sur nos minces bâtons. Quand nous passons dans la forêt, où les branches avec un soupir de soulagement se libèrent d'un trop lourd fardeau de neige, nous croisons les traces de lièvres bondissants et de renards rampants. Des légendes semblent habiter ce silence velouté et féerique : des glaçons raboteux, pareils à des piliers de cristal, gardent l'entrée d'une grotte de gnomes. Le soleil lance des rayons dansants qui préparent la scène pour les elfes insouciants. Nous gardons le silence, pour que notre passage lcs gênc lc moins possiblc.

A mesure que nous montons, la journée devient plus chaude. Non seulement on se débarrasse des gants, des foulards, des jaquettes, mais encore des sweaters, on ne garde qu'un maillot de bain et le corps est offert aux jeux du vent et du soleil...

En deux heures, nous dépassons la limite des

arbres et nous sommes enfin éblouis par le soleil, dont l'intensité brunit de jour en jour la peau. Les lunettes noires font leur apparition, avec la crème destinée à protéger des coups de soleil : le nez pèle si facilement ! Bien loin, au-dessous de nous, ce petit jouet de bois, c'est l'hôtel ; nous sommes seuls dans notre vaste royaume où nous respirons l'air des cimes, vif, bienfaisant, chargé d'ozone. Nous nous sentons meilleurs, riches d'un pouvoir nouveau. Le monde est une merveille étalée à nos pieds. Face à face avec les cieux et leur éternel mystère, une succession de montagnes éblouissantes s'offre à notre vue...

Nous adorions suivre une crête accidentée ; entre deux vallées nous contournions avec précaution le bord extrême des corniches en surplomb ; ce sont là de hautes routes où l'on devient semblables à des aigles dont les yeux observent le monde de très haut. A la vue des plaines, avec leurs routes et leurs villages, nous savourions d'avance, ardemment, la joie vertigineuse de la vitesse car la descente entière était encore devant nous. Et qui sait ? Peut-être la course aujourd'hui serait-elle parfaite, sans une chute, sans un frémissement de peur ?

Nous mangions nos tartines appuyés au bois noirci du mazot le plus isolé que nous pouvions trouver ; et là, comme des lézards au soleil, nous nous contentions de jouir de la vie.

Mais au bout d'un moment, nous étions pris de fièvre : impossible de patienter plus longtemps. C'était le moment où chacun de nous allait voir de quoi il était capable ; le moment d'affronter les difficultés de la descente, de se mesurer avec ses compagnons et surtout de s'éprouver soi-même, de se surpasser même, ne fût-ce que l'espace d'une seconde ; il fallait triompher de nos craintes, de nos genoux tremblants, de notre respiration haletante.

Le chef de file part : à lui la neige intacte, le plaisir de choisir le chemin, l'excitation de nous sentir sur ses talons. En quelques secondes, il n'est plus, bien au-dessous de nous, qu'un petit point mouvant. Et maintenant, faisons du regard, une dernière fois, le tour du vaste horizon, disons adieu aux hautes cimes. Mon tour est venu, je respire profondément et je me lance sur la pente : je me sens vivre intensément. La joie me fait battre le cœur ; tandis que je gagne de la vitesse, le vent me mord les oreilles et tire des larmes de mes yeux.

A cette hauteur, la neige est parfaite : souple, les bras écartés, j'entraîne avec moi mes bâtons à travers un nuage de cristaux dorés, tandis que mon sang accélère sa course et me réchauffe. Sur ces vastes pentes découvertes, on éprouve une indicible impression de liberté. Mes pieds sont doués d'une telle vitesse qu'il me semble ne plus appartenir à l'espèce humaine, mais être comme une sorte d'oiseau qui, dans son vol, glisse à travers la splendeur de l'éther glacé. Mais une certaine raideur dans les membres nous oblige à nous reposer un moment ; nous nous arrêtons, groupés autour de notre chef. Nous sourions en silence, tout à la félicité de cet instant. Puis nous admirons les traces que nous avons faites, ou bien tel ou tel virage, particulièrement réussi, dans l'angle maximum de la pente. Pour ma part, avec une prudence dont je ne peux me débarrasser, je choisis le terrain le plus favorable à mes virages, car je ne déteste rien tant que la première chute de la journée : quand on s'effondre, en pleine vitesse, la neige pénètre partout, par toutes les ouvertures des vêtements ; il faut plusieurs minutes pour s'en débarrasser, car on est complètement étourdi. L'harmonieux rêve où l'on volait comme un oiseau est brutalement dissipé !

Dans la deuxième partie de la descente, nous atteignons la zone des arbres, où il faut savoir choisir habilement son terrain. C'est une joie de voir les exploits de mes compagnons ! Quelle belle chose, un homme qui se transforme en un être rapide et gracieux, riche d'un pouvoir qu'il sait contenir, son corps bien en équilibre, effleurant les pentes blanches et unies, semblable à une hirondelle !

Mais que fait donc Gérald ? Vais-je pouvoir le dépasser ? Je peux couper ce long détour qu'il a pris et le défier ; il ne se rend pas compte des progrès que j'ai faits et va être tout surpris de me voir le rattraper au prochain virage ! Ça y est ! C'est lui qui va être sur mes talons, je l'ai dépassé... Victoire !... Encore quelques mètres, puis une violente secousse dans mes jambes et la chute que je redoutais se produit. Le monde où régnait une miraculeuse vitesse s'évanouit et les yeux, les oreilles, le cou plein de neige, je me débats comme un insecte retourné sur le dos ! Les skis, légers magiciens un instant plus tôt, ne sont plus maintenant que des planches encombrantes qui pourraient bien être cause d'une foulure de la cheville.

A cette altitude, la neige est trompeuse, à cause de la pluie d'hier ou du dégel. Je suis d'une étourderie impardonnable, je n'ai pas réfléchi une minute que Gérald avait de bonnes raisons pour ralentir ! Nous sommes maintenant durement secoués et nous avançons en rabotant sur des champs de neige durcie où des écoliers jouent et font de la luge. Ensuite, nous nous poussons sur nos bâtons en suivant la grand-route et nous achevons notre course par un « virage arraché » à la porte de notre auberge préférée.

Devant notre café au lait et nos petits pains recouverts d'épaisses couches de beurre et de miel, les joues brûlantes, une agréable sensation de fatigue dans les membres, nous échangeons nos impressions sur notre expédition ; et si, par hasard, le chef a fait une chute, aucun risque qu'elle soit passée sous silence ! Nous nous appuyons au poêle bien chaud. Nos gants mouillés fument à la chaleur de la faïence avec un petit sifflement. Nous nous sentons dans une grande paix. Des paysans barbus rêvassent en fumant de longues pipes recourbées, à couvercles d'argent.

Un jour, nous avions « découvert » un nouveau couloir et nous étions incapables de garder pour nous notre joie : exprimant le sentiment général, je dis à un de ces grands-pères : « Savez-vous que votre vallée est une vraie merveille ? » Il ne répondit pas et ne fit même pas mine d'avoir entendu. Je décidai qu'il devait être sourd comme un pot. Mais au bout de cinq bonnes minutes, il sortit sa pipe de la bouche, ses paupières s'ouvrirent sur des yeux clairs et malicieux et ce sage observa : « Oui, une merveille ! En été elle est couverte de fumier ; en hiver, elle est pleine d'Anglais ! »

Cette façon confortable de faire du ski ne comportait pas d'autres risques que ceux que nous voulions bien courir. Mais plus dangereuses étaient les expéditions qui nous entraînaient, au-dessus de trois mille mètres, dans un monde mort, tout en contrastes de noir et de blanc, au milieu des glaciers et des sommets orgueilleux. On n'y parvenait qu'au prix de longues ascensions sous le fardeau des sacs de montagne, de nuits écourtées dans les refuges du Club alpin où nous faisions nous-mêmes notre cuisine, en nous encordant toujours dans les descentes de crainte des crevasses invisibles.

Il fallait se méfier des dangers embusqués sur nos pas : les avalanches qui succèdent aux chutes de neige abondantes ou aux périodes de dégel ; les brouillards qui dissimulent les accidents de terrain ; les rayons solaires qui brûlent les yeux et peuvent vous rendre aveugles pendant quelques jours. Mais, d'autre part, que de richesses à acquérir ! Nous nous prenions à aimer ce monde étonnant où des formes gigantesques se dessinent dans une pureté céleste ; peu à peu, nous subissions l'emprise de sa grandeur sans âge. Dans ce silence inviolé qui pénètre et élargit le cœur, on n'est plus qu'un atome insignifiant. Mais rien ne peut vous déprimer, car en même temps on se sent à portée d'une source éternelle de force et de bonté ; c'est comme si l'on était sur le point d'atteindre Dieu.

Ce silence, cette paix vivante, comme on les désire quand on y a goûté ! J'étais une fois sur le Grenzgletscher, je montais vers le mont Rose et je me rappelle l'impression de vie intense qui se dégageait, à trois heures du matin, de la terre pâle et silencieuse sous les étoiles. Ce monde majestueux, vieux de centaines de milliers d'années, est toujours le même et pourtant toujours nouveau. En lui palpite une force concentrée, il nous parle un langage d'une puissance inouïe ; mais si nous sentions tout cela, nous n'étions quand même pas complètement accessibles au sens de ce message.

Je sentais cependant que la fantastique arête du Lyskamm trouve comme un plaisir dans la témérité de ses à-pics, qu'il y a une douceur dans les courbes blanches et veloutées que le glacier offre au ciel sombre et que le vent met une infatigable persévérance à effleurer de ses caresses la douce face nord du mont Rose. Quand nous regardions derrière nous, le Cervin plus étonnant qu'une apparition semblait nous dire de toute la puissance dont sa masse orgueilleuse s'élance vers l'infini : « N'oubliez jamais ! » — n'oubliez jamais que le monde est beauté incomparable, harmonie et joie de vivre.

Les hautes montagnes ! Comme chacune a sa personnalité ! L'audace des aiguilles de Chamonix, la fierté de l'Eiger, avec sa face nord aux mille mètres d'à-pic, la majesté calme et forte du mont Blanc. Quels horizons incomparables elles ouvraient à mes yeux ! La vue que le regard embrasse alors outrepasse toutes les frontières politiques et fait apparaître comme un tout, dans son unité, la terre verte et bleue. Ou encore, nous explorions les coins les plus reculés des Alpes françaises, où dans les villages primitifs, les vieilles coutumes demeurent inchangées, où l'hiver n'est qu'un long et morne sommeil de plusieurs mois.

Que l'attente est impatiente pendant la montée vers un col ! Comme il sera passionnant de voir ce qui se trouve dans l'autre vallée ! Des maisons et des costumes nouveaux, le goût du pain cuit une fois par mois et dont la forme même est particulière. Dauphiné, Vanoise, que de promesses dans vos noms pour les citadins que nous étions ! Quel étonnement, dans le site sévère de la Bérarde, de voir à notre arrivée les habitants lents et ahuris se rassembler en silence pour regarder notre procession défiler en chantant !

Pour les vacances de Pâques, nos expéditions étaient organisées par les garçons de notre club de ski. Nous glissions sur la neige granuleuse du printemps avec une joie folle : folle, car nous étions plus de vingt et, dans un groupe de ce genre, il y a toujours un loustic prêt à jouer quelque tour ou à faire l'acrobate sur ses skis. Une fois, pendant nos vacances, mon frère fit en ski la descente du pic de l'Étendard un parapluie ouvert à la main. Quant à moi, je connaissais l'intensité du soleil à cette altitude et je portais des pantalons de tennis et la magnifique casquette blanche à galon doré que m'avait donnée le commandant du cuirassé *Marlborough*. Aussi fus-je baptisée l' « Amiral de la Flotte genevoise ». De retour en ville, pendant un ou deux jours, nous continuions à être ivres de soleil et de rire.

Une autre joie du tourisme en ski, aussi captivante quoique très différente, est de glisser seule par monts et par vaux, à la recherche, par exemple, d'une descente que l'on a remarquée du haut de quelque sommet éloigné. Pour y arriver, il faut pouvoir repérer où l'on est sur la carte, et ce n'est pas si facile que cela en a l'air ; on s'expose à des battements de cœur quand, engagé sur un éperon boisé mal identifié, on se trouve subitement au bord d'un abîme.

Il est dangereux de faire du ski en solitaire. Mais l'obligation d'être sur ses gardes et de remarquer en passant les moindres détails du chemin vous donne une connaissance pratique de la neige et de son humeur changeante, en même temps que des notions d'ensemble beaucoup plus approfondies et directes que celles que l'on acquiert quand on est en compagnie. Dans ces occasions, il est impossible, bien entendu, de « prendre » les pentes tout droit, car il faut à tout prix éviter les accidents : c'est ainsi que petit à petit on devient un montagnard. Et c'est une impression grandiose d'avoir découvert tout seul un nouveau chemin, d'avoir su réparer une erreur de parcours après bien des heures d'anxiété.

Les concours commencèrent sans tambour ni trompette à Mürren. André Roch (qui a pris part à plusieurs expéditions dans l'Himalaya) me dit un jour que l'on cherchait quelques jeunes Suissesses pour courir contre les meilleures skieuses britanniques. J'acceptai de m'y joindre, car à cette époque j'étais fière de mon audace en ski ; ma rapidité était pour moi un sujet de grande satisfaction. Je possédais la technique d'un infaillible « kristiania » mais, hélas ! d'un côté seulement.

Au moment de se réunir à Mürren, notre équipe n'avait aucune notion de ce qu'est un concours. Les jeunes Anglaises avaient plus d'expérience, leur club de ski, le Kandahar, leur ayant déjà fait passer des épreuves éliminatoires. Étant donné que certaines d'entre elles valaient les meilleurs hommes de leur club, il était évident que ce concours ne serait pas un jeu d'enfants. La piste de descente du Schiltgrat, l'une des plus difficiles des Alpes, fut choisie.

Nous nous entraînâmes ensemble, très sportivement, tout en nous taquinant et nous défiant réciproquement ; nous ne nous faisions pas faute de remarquer jusqu'où allait le cran de nos rivales et quels raccourcis elles choisissaient.

Ma vie se transforma subitement, centrée sur une seule idée ; mes nuits étaient peuplées de rêves dans lesquels je parvenais à tenir avec succès la trajectoire la plus hardie et où j'arrivais première, triomphalement ; ou bien, ensevelie profondément dans la neige, après une effroyable culbute, j'étais paralysée dans mon cauchemar pendant que nos adversaires me dépassaient en trombe sur le chemin de la victoire. Malgré nos efforts pour la dominer, notre excitation alla croissant jusqu'à l'aube du grand jour.

La piste était recouverte d'une épaisse couche de neige fraîche. Nous ne risquions donc pas, si nous tombions, de nous faire trop de mal. Je montais lentement pour éviter la fatigue, en dépit de quoi mon cœur commença à sauter ; car j'étais toujours en présence de cette angoissante alternative : descendre tout droit, quitte à courir de grands risques, ou essayer, en prenant une allure plus lente, de faire une course sans chutes ? J'espérais que sous l'inspiration du moment je prendrais la décision la plus favorable.

Mais « l'homme propose et Dieu dispose » : me voici au sommet de l'arête, nous sommes près du point de départ, il y souffle un vent qui transperce nos vêtements. Très loin, au-dessous de nous, Mürren semble tout à coup hors d'atteinte. Une partie de moi-même qui voudrait retrouver son calme souhaite ardemment que l'épreuve soit terminée le plus tôt possible. C'est absurde d'avoir les mâchoires contractées au point de ne pouvoir boire le thé qu'on m'offre et que je me vois obligée de refuser ! Et pourquoi ai-je un tremblement dans les genoux, comme si j'étais en scène avec le trac ? A part une douzaine de spectateurs bien disposés, nous n'aurons pas de public.

Pourquoi cette nervosité ? Après tout, j'ai descendu le Schiltgrat bien des fois — c'en est une de plus, et voilà tout ! La seule petite différence, c'est le chronomètre. Là est la question, c'est cette notion du temps qui m'affole ! Il faut gagner à tout prix, ne serait-ce que d'une seconde. Conclusion : il ne faut pas perdre une seconde.

Mais non, décidément, je vois que je ne peux pas gagner ; Doreen et Wendy et Greta sont trop fortes. Ce qu'il y a de sûr, c'est que cette descente, je la ferai. De quelle façon ? Cela n'a pas une importance capitale. Qu'est-ce que je dis ? Mais bien sûr que si, c'est important ! Ce qui compte, ce sont les résultats qu'obtiendra l'équipe ; on ne concourre pas pour soi-même. Mais on voudrait pouvoir tout envoyer au Diable ! J'ai tant de peine à supporter l'attente avant le départ que mes doigts jouent nerveusement et malgré moi avec ce stupide dossard qu'il faut m'attacher à la poitrine. Les lacets de mes chaussures sont-ils assez serrés ? Bon, qu'est-ce que c'est encore ? La fixation d'un de mes skis n'est pas bien axée, que c'est donc bête ! Vais-je mettre des lunettes noires pour éviter d'être éblouie par le soleil ? Oui, mais je crois qu'elles modifient les distances et, si je tombe, elles se rempliront de neige. Oh ! là ! là ! dans quoi me suis-je embarquée !...

En tout cas, il n'y a pas que moi à être énervée ! On entend les lamentations de la grande et mince Wendy ; elle ne peut pas courir, elle a les pieds glacés, elle a eu une indigestion la nuit dernière ; elle ne pourra pas tenir le coup plus de cinquante mètres. « Là-bas, juste à cet endroit, dit-elle, en me montrant une bosse, je sais d'avance que je tomberai ! »

Nous partons deux par deux, une Suissesse et une Anglaise — une manière de faire amicale qui n'est pas courante. Les meilleures de chaque équipe partent les premières, sur un parcours où personne n'a encore fait de grands trous. Voilà Hanni et Wendy parties ! Qu'elles sont rapides, courageuses, intelligentes ! Aucune des deux n'est tombée, avant le moment où elles disparaissent derrière un épaulement de la montagne.

Puis c'est mon tour de partir avec Doreen, gaie et maîtresse d'elle-même. Pour cacher notre émotion, nous échangeons des plaisanteries : « Attendez-moi avant la fin. » Mais vraiment les vingt dernières secondes avant le mot « Partez » sont un martyre ! Sur votre épaule, la main du starter pèse comme du plomb, sa voix retentit comme la trompette du Jugement et quand il dit : « Un, deux, trois, partez », le cœur s'arrête ! Semblable à un éclair dans les yeux, le choc que cause cette libération dépasse presque ce que l'on peut supporter.

Mes skis filent comme des fous, d'eux-mêmes, plus vite, dirait-on, que mon propre corps ! Allons, rassemble tes forces, c'est le moment de montrer de quoi tu es capable ! Doreen t'a dépassée, la voilà à trente mètres en avant ! Il faut la suivre, s'attacher à sa trace. Tu es capable de faire aussi bien qu'elle : donc, il faut guetter l'occasion de la dépasser. Et ne pas oublier de respirer avant d'en arriver à la suffocation !

J'arrive à une descente raide en plongée que je n'aime pas ! Il faut tenir, à force de volonté, tenir... Voilà qui est fait. Et aussi ce petit saut. Maintenant ce rebord ensoleillé, avant la partie cruciale, la grande pente si redoutée, raide, froide, couverte d'ombre. Attention ! nous y sommes. Et voilà mon nez et mes yeux qui se mettent à couler, ça ne pouvait pas rater ! Où est donc Doreen ? Comment ? elle est tellement loin à ma droite ? N'est-ce pas une prudence exagérée et superflue avec une pareille couche de neige fraîche ? C'est merveilleux cette sensation que l'on a de fendre avec ses pieds une soie résistante. Oh ! quelle vitesse ! Je devrais tourner, que faire ? Il faut que je tourne.

Et puis, c'est la chute, la tête la première dans le bain glacé, et une série de culbutes. Je ne sais plus où je suis ? où est le sommet ? où est le bas de la pente ? où a disparu mon bâton ? Ensuite, une sorte d'amnésie qui durera jusqu'à la fin de la course s'installe en moi. Quelque chose qui ressemble à du poivre vous échauffe le sang, un effroi intense vous martèle le tympan : « Plus vite ! Plus vite ! Doreen est devant ! Plus vite, pour l'amour de Dieu ! » On méprise tous les risques, on continue dans une frénésie hors d'haleine, hors de soi, transformée en un automate qui s'effondre de temps à autre, en se répétant « plus vite » ! Blanc sur rouge, le mot « Arrivée » vous fascine comme un aimant. Une chute ! Vite, debout, vite ! Chaque seconde compte.

C'est fini, je m'effondre à côté de Doreen, toute rouge, qui nous a toutes battues. Il me semble que je respire pour la première fois depuis un siècle — comment cette course peut-elle n'avoir duré que quatre minutes ? Je me sens revenir à mon état normal. Que m'est-il donc arrivé ? Étais-je en état de transe, était-ce réellement terrible, ou bien ai-je pendant quelques minutes vécu avec une intensité dix fois plus forte jamais ? Mais tout cela est complètement fou, fou, FOU ! Je peux faire du ski bien mieux que cela. Pourquoi donc suis-je tombée là-haut ? Pourquoi ai-je perdu la tête et oublié de respirer ? Pourquoi ? Parce que je ne suis pas maîtresse de moi-même. Comment ? Mais oui, voilà la vraie raison !

Mais c'est ridicule ! Il faut que je me domine. La prochaine fois, j'y arriverai. Je ne peux pas rester là-dessus : être battue et ne pouvoir m'en prendre qu'à moi-même !

Et c'est ainsi que l'on détermine son avenir. Fatalement, on prend part à d'autres concours. Chaque course est une répétition de la première, quoique en d'autres circonstances, et l'on continue, sachant que l'on peut faire mieux, espérant que la prochaine fois on évitera ce moment de folie où l'on perd le contrôle de soi-même dans la vitesse accrue.

L'année suivante, les Anglaises ayant de nouveau démontré leur supériorité, nous décidâmes de fonder le Ski Club féminin de Suisse qui se chargerait de prendre en mains notre entraînement. Il fallut battre le rappel pour réunir les meilleures skieuses de nos vallées et de nos villes, et ensuite s'assurer que les débutantes seraient initiées à la bonne technique par des professeurs capables. On verrait alors de grandes choses.

En dépit des critiques de ceux qui trouvaient insensé de transformer des jeunes filles en chevaux de course au lieu de les laisser chez elles, occupées aux travaux de la maison, nous connûmes vite la prospérité. En appuyant l'initiative du Ski Club de Grande-Bretagne, nous obtînmes des voix aux réunions où s'élaborait le premier championnat international de descente de la FIS : désormais, les concours féminins étaient officiellement reconnus.

Je fus quatre années de suite membre de l'équipe suisse internationale, à Mürren, en Italie, en Autriche et à Saint-Moritz, espérant toujours atteindre l'inaccessible perfection. Un jour, j'étais débordante d'enthousiasme ; le jour suivant, j'étais allongée avec une entorse, et le troisième, j'avais le sentiment de ne pas prendre l'entraînement assez au sérieux et je me le reprochais. Le seul moyen de faire face chaque année aux dépenses de mes quatre mois de ski était d'envoyer aux journaux des comptes rendus des compétitions auxquelles nous prenions part, mes compatriotes et moi. Naturellement, passer une partie de la nuit à taper des articles n'était favorable ni aux concours ni à l'entraînement. Mais à cette époque notre club n'était pas assez riche pour nous faire vivre. Cela nous amusait beaucoup d'aller d'un village de montagne à un autre, d'autant que nous avions le sentiment de « faire des sacrifices » pour notre sport.

C'était la grande vie, illuminée par les exploits légendaires de nos compagnons, les meilleurs skieurs du monde, les robustes garçons brunis par les intempéries qui prenaient part aux concours pour s'amuser. En effet, quel autre avantage y trouvaient-ils ? Avec de la chance, ils pouvaient gagner une petite coupe, mais rien de plus ; leurs noms dans les journaux apporteraient la renommée à leurs villages ou à la technique qu'ils seraient censés avoir adoptée. C'était tout. Ils étaient presque complètement défrayés, c'est vrai, mais en se déplaçant pour concourir, ils perdaient ce qu'ils auraient pu gagner en donnant des leçons de ski.

Année après année, je les ai suivis et aimés, ces fameux skieurs : ils trempent leurs forces dans le pacte qui les lie aux plus dangereuses montagnes d'Europe, symboles d'un défi constant, et les y égalisent dans la discipline. Le plaisir de concourir et le goût du risque, délices des véritables joueurs, s'emparent d'eux. Si l'on veut que la vie soit digne d'être vécue, il ne faut pas faire avec elle de mesquins marchandages. Au contraire, elle fournit gratuitement le plus amusant de tous les jeux : mesurer son adresse avec celle de rivaux dont la maîtrise est incontestée, et dont l'audace est aussi folle que la vôtre. Un jeu dans lequel on ne dépend pas d'un moteur, d'un animal ou d'un bateau, mais uniquement de son cerveau, de ses muscles et des skis bien fartés, un jeu qui n'est pas clos dans les limites étroites d'un court ou d'un terrain, mais dans lequel on effleure les pentes de montagnes étincelantes de soleil et qui se déroule sur une scène plus grandiose qu'aucune autre.

Ce que les concours de ski sont devenus par

la faute des ronds-de-cuir, des gratte-papier et des ultranationalistes, c'est une autre histoire. Mais nous n'en avons pas moins vécu de grands jours et nous nous en souvenons avec gratitude.

Par la suite, des calculateurs poussés par leur démon voulurent savoir jusqu'où pouvaient aller les ultimes possibilités du ski ; les temps records passèrent au premier plan et supplantèrent l'audacieux et joyeux esprit qui en était primitivement la condition. Des pistes spéciales furent aménagées, des tremplins géants furent édifiés. Des skieurs atteignaient la vitesse de cent dix kilomètres à l'heure, faisaient des sauts de cent huit mètres tout droit à travers l'espace, en des bonds fantastiques. Et le Plaisir du Jeu, au hardi et gai visage, se retirait d'un air de reproche, attristé de voir devenir sévères, concentrés et hantés par la peur de s'estropier pour le reste de leurs jours des hommes qui avaient été ses fervents !

Chapitre X

Préparatifs

C'est ainsi que deux simples passe-temps, le ski et le bateau m'aidèrent à vivre pendant les années d'incertitude. Je crois qu'on doit apprendre quelque chose à fond, peu importe quoi : cela ne peut manquer d'être utile par la suite. Dès que l'on est sûr d'être profondément sincère avec soi-même (et non pas seulement pour l'apparence), l'important est de persévérer dans sa marotte, son idée personnelle, même si elle paraît absurde à autrui, au lieu d'attendre indéfiniment que les circonstances mettent, ou ne mettent pas, à vos pieds ce que vous désirez. « Aide-toi, le Ciel t'aidera. »

Oui, les premiers pas dans une vie indépendante sont difficiles à accomplir. Personne ne tient compte de vos besoins et de vos désirs, et pendant quelques années il faut vivre sur ses propres forces jusqu'à ce qu'on soit sûr de soi. Tôt ou tard, une aide surgit, les choses deviennent plus faciles, la vague que l'on a soulevée finit par vous porter. Une fois que les gens savent quoi faire de vous, ils trouvent à vous utiliser et des perspectives s'ouvrent.

Non seulement ma formation sportive me rendit service, mais aussi, par exemple, les nombreuses photographies que j'avais prises dans le Turkestan avec un petit appareil. Le gérant d'une agence Leica eut l'idée de m'envoyer au directeur de la firme. J'acceptai d'aller le trouver et j'eus bien raison ! Aide et encouragements me furent prodigués, bien que je ne fusse qu'à mes débuts de journaliste et de conférencière. On me donna un agrandisseur pour mon usage personnel, un second appareil en cas d'accident survenu au premier, et un grand appareil à projection pour les salles où j'aurais à donner des conférences. Pleine de courage, je fis des tournées dans nombre de villes où je montrais mes clichés à des auditoires sympathiques ; grâce à quoi je rassemblai, petit à petit, l'argent destiné à mon prochain voyage [1].

Je donne ces détails non seulement parce que des jeunes gens m'ont souvent demandé : « Comment avez-vous donc fait pour commencer ? », mais aussi parce que j'ai souvent été agacée par ceux qui se plaignent en me disant : « Vous avez bien de la chance de voyager, de

1. 6 000 francs d'avant guerre.

faire du bateau, de faire du ski. Moi je n'ai pas les moyens de mener une vie si agréable. » Ma réponse est que lorsqu'on vit très simplement et qu'on est prêt à accepter quelques privations, ce genre d'existence est loin d'être coûteux. Mon voyage de six mois dans le Turkestan m'a coûté soixante livres. La *Perlette* aussi ne coûta à Miette que soixante livres (le prix d'une petite voiture). Dans cette somme le logement est également inclus, cela vous évite loyer et impôts, frais de service et d'électricité ; et pour les déplacements, on compte sur le vent qui ne coûte rien.

Le soleil, l'eau, le vent et l'amour sont encore gratuits, grâce à Dieu ! Mais si vous voulez voyager, soyez prêts à tout sacrifier à ce plaisir, et vous réussirez. Si vous ne voulez renoncer à rien, ne vous plaignez pas.

J'écrivis un récit de mon voyage dans le Turkestan qui fut accepté par un éditeur parisien. Les joies de cette randonnée, qui avaient été brèves mais intenses, furent chèrement payées par les cinq mois d'été que je passai rivée à ma table à écrire : les conseils d'un écrivain expérimenté me manquaient considérablement, et j'avais le sentiment attristant de gaspiller un été qu'il eût mieux valu passer en plein air.

Puis le musée du Trocadéro me demanda de faire une exposition de deux cents photographies du Turkestan ; mais il n'avait pas d'argent, ni moi non plus, et finalement je dus faire moi-même ces agrandissements auxquels je consacrai bien des soirées. Le Président du Conseil, qui venait pour l'ouverture d'une nouvelle aile du musée, fit son apparition pendant que j'étais encore en train de fixer mes photos aux murs.

A Paris, j'entrai en relations avec des gens qui n'avaient pas grand-chose en commun avec moi, et il me fallut un certain temps pour comprendre qu'ils pouvaient néanmoins être charmants. Mon mentor était conservateur d'un musée asiatique que je fréquentais pour m'instruire un peu sur l'Asie centrale. Il me conjurait d'aller visiter les grottes des Mille Bouddhas au Sin-kiang, pour en photographier les fresques qui sont en train de se détériorer. Tout en faisant des efforts pour me convaincre, il m'enseignait à me débrouiller dans des milieux parisiens très variés.

Je savais très bien de quoi j'avais envie : c'était d'entreprendre un long voyage, assez long pour me donner le temps de perdre de vue l'inévitable retour. J'irais en Chine par mer, et j'essaierais une fois de plus d'atteindre le Sin-kiang. Si je n'y réussissais pas, je me dirigerais sur le Tibet, ou vers les frontières de la haute Birmanie où il y a des tribus qui vivent encore dans une ignorance totale du monde moderne ; ou bien, dernière ressource, je pourrais essayer d'étudier la puissante organisation des « communistes » chinois.

J'avais alors déjà publié quelques articles et je nourrissais l'espoir de trouver à m'employer dans la presse. Encore fallait-il imaginer des sujets d'enquête de nature à tenter le rédacteur en chef d'un journal. Il y avait trois ans que le Japon avait bouleversé la paix du monde en s'emparant de la Mandchourie, et qu'on avait pu constater l'irrésolution de la Société des Nations devant la doctrine de « La Force prime le Droit ». Il pouvait y avoir grand intérêt à se rendre compte des intentions des Japonais. Feraient-ils d'autres annexions en Extrême-Orient ? Quelles étaient leurs méthodes de colonisation dans les territoires nouvellement conquis ? S'ils se conciliaient les Chinois, ils ne tarderaient pas à former la plus formidable puissance du monde. J'étais profondément convaincue de ce que je disais. Mais quelques journalistes spécialisés dans la question de l'Extrême-Orient estimaient que mes chances de succès étaient plus que minces. Parmi les millions de lecteurs des journaux, il n'y en avait probablement pas plus d'une douzaine qui se souciaient de la Mandchourie, surtout maintenant que l'Europe était sérieusement troublée. Néanmoins, je décidai d'essayer.

Je choisis le plus répandu des quotidiens sérieux, *le Petit Parisien*, dont le rédacteur en chef était d'accès difficile. Il disposait d'une équipe complète de « correspondants spéciaux » et n'avait aucun besoin d'une profane de mon genre. Mais sachant à quel prix minime je peux voyager, j'espérais le décider par la modicité dérisoire de la somme que je demanderais. Par chance, un de ses principaux collaborateurs avait lu mon *Des Monts célestes aux sables rouges* et, l'ayant apprécié, l'avait mis entre les mains du rédacteur en chef qui m'accorda une entrevue.

J'en ai gardé un vif souvenir. Derrière son bureau surchargé, ce personnage important, immobile, garda un silence complet pendant que, non sans beaucoup de gaucherie, je lui exposai mon plan. Je terminai, en annonçant : « Je reviendrai par l'Asie centrale pour rejoindre l'itinéraire de mon précédent voyage. » A peine prononcées, ces paroles me parurent si présomptueuses que je les regrettai : aussi ma surprise n'eut de comparable que ma joie quand je l'entendis me demander : « Combien vous faut-il ?[1] »

1. Ce rédacteur, Élie J. Bois, est mort en exil à Londres, au moment de l'effondrement momentané de son pays, et après avoir écrit *The Tragedy of the Fall of France*. *(N.d.A.)*

Chapitre XI

Extrême-Orient

J'eus vite fait de retenir une place pour Shanghai et d'obtenir des lettres de crédit pour ceux des pays d'Asie où l'on pouvait trouver des banques. Pour la première fois, j'avais l'impression d'être entrée dans la peau d'un personnage sérieux, d'être soutenue par une organisation connue de tout le monde et d'avoir une tâche clairement définie à remplir !

L'hiver en Mandchourie étant cruellement froid, j'avais l'intention d'aller y faire mon enquête en automne. Je fis donc la traversée de la mer Rouge pendant l'été brûlant et celle de l'océan Indien pendant la mousson, qui me donna le mal de mer. Je ne revins à la vie qu'après Ceylan, quand, admise au carré des officiers au lieu de rester, tel un marin d'eau douce, mêlée au commun des passagers, je fus initiée aux détails de la vie du paquebot. Au large de Hong Kong, nous restâmes à la cape deux jours à attendre qu'un typhon eût passé en avant de nous. Je fus cette fois plus près qu'en aucune autre occasion de quelque aventure sensationnelle. Les gens attendent souvent de moi le récit palpitant de dangers traversés ; mais au risque de décevoir mes lecteurs, je dois avouer que ni sur mer ni en montagne je ne me suis jamais sentie sérieusement menacée : point d'enfer bleu et glacé au fond d'une crevasse, point d'équipe de secours, point de rançon payée, point d'enlèvement, point de piste irrémédiablement perdue. Tout cela n'existerait que dans mon imagination, à supposer que je lui donne libre cours.

Je voulais savoir quels étaient les problèmes les plus intéressants à débrouiller, et je restai à Shanghai juste le temps nécessaire pour m'en faire une idée suffisante ; de là, un bateau japonais m'emmena à Dairen, le plus grand port du Mandchoukouo.

Pendant quelques mois, je jouai le rôle de « correspondant spécial » et j'essayai d'y prendre goût. Il y a toute une partie du travail que je n'aime guère : prendre des notes, lire des livres, des rapports et des brochures, classer des renseignements, contrôler toutes les affirmations afin d'acquérir un point de vue indépendant au lieu de se borner à répéter les arguments de messieurs X ou Y.

Que n'ai-je pas vu et entendu ! Des hommes d'affaires américains dont le commerce sombrait par suite de l'impossibilité où ils étaient de lutter avec les nouveaux monopoles d'État japonais ; des missionnaires catholiques, qui, après toute une vie de travail fécond parmi les Chinois, les voyaient maintenant terrorisés par les Japonais au point de ne pas oser parler aux Européens ; des consuls incapables de s'opposer aux torts qu'on leur faisait parce que leurs gouvernements, préoccupés « d'apaiser » le Japon, ne les soutenaient pas ; des réfugiés russes journellement humiliés et foulés aux pieds par les recrues japonaises ; des Chinois dépossédés de leur fortune ou redoutant d'être enlevés par des « bandits » à la solde de la police japonaise. La chose la plus écœurante était le cynisme avec lequel « l'affaiblissement » de l'ennemi était organisé : non seulement les Japonais avaient accru l'étendue des cultures de pavot pour la production de l'opium, mais ils transformaient les coolies en maniaques de la drogue en adultérant les cigarettes bon marché avec de l'héroïne et en établissant des centres « de piqûres intradermiques ».

Bien que les Japonais eussent pacifié le pays, établi une monnaie unique et facilité le commerce, ils étaient haïs, et nombre de Chinois mécontents allaient journellement grossir les rangs des bandits qui, par une guérilla incessante, représentaient une menace pour l'autorité de l'envahisseur.

Près de la frontière de la Mongolie soviétique extérieure, je pus voir comment on soumettait les Mongols. On introduisait progressivement dans leurs lamaseries un « néo-bouddhisme » importé du Japon. Je m'avançai jusqu'à des endroits éloignés où l'on reconstruisait des lignes stratégiques destinées à relier le plus vite possible les îles du Japon au cœur de l'Asie : sur une de ces lignes d'importance vitale, à Rashin, sur la côte de Corée, un village de pêcheurs avait été transformé en un port prévu pour devenir en cinq ans l'égal de Dairen.

Loin dans les terres, dans de tout petits villages endormis au milieu de l'hiver sibérien, j'ai vu de souriantes geishas en kimonos servir de la bière à leurs compatriotes — soldats, ingénieurs, employés, policiers — et ensuite, quand ils avaient roulé sous la table, les emporter au-dehors dans la neige avec une complète indifférence.

Je fus souvent arrêtée pendant quelques heures par des représentants des diverses branches de la police et même extraite d'un train express (qui continua sans moi) pendant que des officiers de cinquième ordre se donnaient l'air de contrôler mes documents. Incapables de comprendre qu'une femme seule puisse faire face à de telles difficultés, par choix ou parce que telles étaient ses conditions de travail, ils avaient décidé que j'étais une espionne et il me fallut remplir d'innombrables questionnaires dont j'espère bien que quelques-uns seront conservés pour figurer dans une anthologie de l'humour.

Malgré tout, je parvenais à préserver un détachement total. Aussi, pour comprendre sur quelles bases les Japonais impitoyables édifiaient leur pouvoir, me fallut-il subir un traitement bien pire. Après quelques jours de voyage dans des wagons de marchandises, j'atteignis enfin la grande ligne de Vladivostok. A partir de là, une locomotive blindée ouvrait la voie à cause des bandits. Pour plus de sûreté, nous passâmes la nuit dans une gare pendant que la police envoyait des patrouilles dans le voisinage. Le matin suivant, à sept heures, nous cheminions lentement à travers la campagne gelée. En me dirigeant vers le wagon-restaurant, je m'aperçus que j'avais à traverser un wagon rempli de soldats japonais. J'avais déjà parcouru la moitié de la distance quand ils décidèrent de se mettre en travers de mon chemin en croisant devant moi leurs fusils. Montrant du doigt ma bouche, je leur expliquai par signes que je voulais simplement aller déjeuner. Ces petits hommes aux grandes bouches, aux jambes arquées, habillés de kaki, m'entouraient d'un cercle menaçant et il en arrivait toujours de nouveaux.

J'étais dans mon droit et ne me sentais pas d'humeur à céder, mais je me souvins subitement avoir vu, le matin même, le soldat placé près de l'entrée frapper au visage et refouler hors du wagon deux jeunes femmes russes qui serraient leur bébé dans leurs bras. Un soldat japonais me fit reculer en me bousculant. Je repoussai brusquement sa main : il n'avait pas le droit de me toucher. La fureur qui apparut sur les visages me fit comprendre que les choses se gâtaient sérieusement.

J'entrepris de battre en retraite avec dignité, ce qui mit les soldats dans une telle colère qu'ils commencèrent à me gifler, à me battre et même à me donner des coups de pied dans le ventre. Mais ce dont je me souviens le mieux, c'est l'étonnement avec lequel j'observais leur frénésie collective, les grognements qui sortaient de leurs bouches et leurs yeux féroces. A la portière, il me fallut tourner le dos, voir où était la passerelle. Un coup de pied brutal me fit presque lâcher le sac à main qui contenait mon précieux passeport. Perdant momentanément mon calme, je me retournai et envoyai une gifle sur la première joue à ma portée, en détendant mon bras d'un vigoureux élan. Le soldat, au comble de la fureur, tira sa baïonnette de sa ceinture : j'avais eu l'audace de frapper un soldat du glorieux Nippon ! Quoique morte de peur, j'éclatai d'un rire bruyant dont ces brutes furent aussi étonnées que je le fus moi-même. Je reculai jusqu'à la porte du wagon suivant, chancelante mais en continuant de fixer les Japonais, et je me retirai saine et sauve.

Le chef de train qui remarqua mes larmes me demanda ce qui m'était arrivé. L'incident parut le ravir : « Enfin ! dit-il, ils se sont attaqués à un ressortissant d'une nation qui a un consul dans le pays ! Et vous avez un passeport ! Vous pouvez vous retourner contre eux et porter plainte. Il faut vous faire examiner par un docteur à la prochaine gare. Vous n'avez pas idée de tout ce qui se passe ici. Tous les jours ces salauds-là maltraitent des Russes blancs parce qu'ils savent que les pauvres malheureux n'ont personne pour les défendre. »

A l'arrêt suivant, je pus manger et boire de la vodka, ce qui raffermit mes genoux tremblants. Tout le monde trouvait qu'il fallait que les soldats fûssent punis. Sur ce point, les employés de ce chemin de fer soviétique étaient dans un touchant accord avec les chefs de train russes blancs à la solde du soi-disant « gouvernement » du Mandchoukouo.

Mais un voyageur plus circonspect m'avertit : jamais je n'obtiendrais le paiement de dommages, l'armée ne voudrait pas me donner raison, les soldats trouveraient moyen de démontrer que j'étais ivre (à 7 heures du matin) et que j'avais tous les torts.

Comme j'étais pauvrement vêtue et que je voyageais en troisième classe, les Japonais m'avaient prise pour une réfugiée pareille aux autres ; mais cela n'expliquait pas pourquoi ils m'empêchaient de traverser leur wagon et encore moins cette extraordinaire haine latente, prête à éclater sous le plus léger prétexte : voilà ce qu'il s'agissait d'expliquer, car je n'avais absolument rien fait qui fût de nature à exciter leur rage.

On touchait là du doigt le nœud de la question d'Extrême-Orient. Dès cette époque, j'étais prête à croire ces horribles Japonais capables de n'importe quoi ; et en 1938, à la Société des Nations, je pus voir un documentaire tourné pendant la conquête de la Chine par les Japonais : certains épisodes de ce film, passé en contrebande, me donnent encore des cauchemars — j'en épargne le récit à mes lecteurs.

Je ne cherche pas à faire haïr les Japonais, mais il faut chercher à comprendre comment certains maux prennent naissance et se développent dans le monde, à notre époque ; comment la propagande peut transformer en une bande de brutes un peuple qui, par nature, est plein de qualités charmantes. Les Japonais croient fermement être le seul peuple descendant d'une déesse, et, de ce fait, un peuple élu (comme si nous n'étions pas tous des enfants de Dieu). De plus, on leur a inculqué des rancunes amères.

Leurs dirigeants leur disent que depuis un demi-siècle la race blanche s'oppose à leur bonheur. On leur enseigne que depuis la guerre sino-japonaise, en 1895, « les puissances étrangères » les ont obligés à renoncer à une partie des avantages qu'ils avaient obtenus ; qu'ils ont été pareillement trompés en 1905, après leur victoire sur la Russie, et de même en 1918. Plus tard, l'émigration, si nécessaire pour eux, en Australie, en Nouvelle-Zélande, en Amérique, a été entravée. Les États-Unis, ô honte inacceptable ! les considérèrent comme indignes d'acquérir la nationalité américaine, eux, la première race du monde[1]. Tout cela est sur le même modèle que la propagande nazie ou fasciste, qui a produit des obsessions massives, dépassant tout ce qu'on peut concevoir.

Les stupides soldats que j'avais rencontrés étaient à peine sortis de l'adolescence et ce n'était pas de leur faute s'ils étaient fous ; on leur avait promis un continent et on leur avait dit qu'ils pouvaient traiter comme bon leur semblerait les races inférieures qui l'habitaient. Ils étaient toujours disposés à faire d'un Chinois ou d'un Blanc un objet de dérision. A Harbin, dans le bureau du chef de gare, j'eus une

1. Sur certains points, ma mémoire est peut-être en défaut, et il se peut que je fasse quelques erreurs de détail ; je ne me rappelle pas avec précision quelles blessures leur orgueil eut à subir. Mais il y en eut, et elles furent exploitées par leurs chefs militaires, en vue de conquêtes fondées sur des théories raciales ; et, de mon point de vue, c'est là l'important. *(N.d.A.)*

explication prolongée avec un arrogant officier japonais. A la fin, pour s'excuser, et seulement quand mon consul eut fait son apparition, il inventa une histoire de deux bandits qui étaient dans le train, à cause desquels ses soldats avaient l'ordre d'empêcher qui que ce soit de passer.

Tout cela ne m'intéressait d'ailleurs plus. Mais une de mes plus fortes convictions n'avait fait que se confirmer : n'importe quel pays peut forger une série de griefs et s'acharner à les faire entrer dans la tête de ses citoyens jusqu'à ce qu'ils en soient empoisonnés. Aussi longtemps que tout être humain n'aura pas pris en horreur ces méthodes génératrices de haine, il n'y aura aucun espoir d'éviter dans l'avenir de nouveaux massacres.

Combien je fus sensible au charme, à la grandeur, à la beauté poussiéreuse de Pékin ! C'était une compensation à la corvée qu'avait été l'étude de la « question mandchourienne », dont il fallut faire des sujets d'articles, avant d'entamer le chapitre suivant de ma vie.

Mon voyage dans le Mandchoukouo m'avait habituée aux auberges chinoises, et maintenant je voulais apprendre un peu de chinois. Le meilleur moyen était de passer six mois au moins dans une université où je pourrais aussi faire connaissance avec la brillante jeunesse féminine de la Chine. Et pendant ce temps, je pourrais réunir des renseignements sur les contrées interdites de l'Asie centrale.

J'étais à Pékin depuis deux semaines à peine lorsque j'entrai en relations avec un ménage russe, les Smigunov, qui avaient fui le Tsaidam, au nord du Tibet, pour échapper à des troubles ; maintenant que l'orage était passé, ils voulaient retourner à leur campement abandonné.

Une occasion unique se rencontrait ainsi sur mon chemin : le Tsaidam était la seule voie détournée par laquelle on pouvait tenter d'accéder au Sin-kiang (Turkestan chinois) sans emprunter les routes ordinaires des caravanes qui sont fermées aux étrangers. Le Tsaidam, où ces Russes vivaient depuis cinq ans, était encore loin de mon but mais, une fois dans cette région peu connue, il serait possible d'organiser une expédition vers Lhassa ou vers Kachgar, suivant les circonstances.

Les Smigunov avaient une certaine connaissance des langues chinoise, mongole et turki, aussi n'avais-je pas besoin d'en apprendre beaucoup moi-même. Ils n'avaient de la guerre civile dans le Sin-kiang que des nouvelles indirectes : une révolte musulmane avait dévasté le pays pendant les trois dernières années et, sous peine d'être décapités, ses habitants avaient été obligés d'adopter les croyances musulmanes. Le gouvernement central de Nankin interdisait aux étrangers l'accès des régions où son mandat n'avait pas de pouvoir effectif, et la plus grande partie de la province était aux mains d'un Chinois qui ne souhaitait nullement donner des témoins aux étranges méthodes avec lesquelles il gouvernait. On peut donc dire que les régions reculées du globe qui nous ont été « ouvertes » par les explorateurs nous sont maintenant fermées par la politique.

Les quelques étrangers qui travaillaient dans le Sin-kiang et sa capitale Ouroumtsi avaient été mis en prison, ils y restaient malgré les efforts de leurs légation (on sait que pourrir dans de tels endroits n'a rien d'une plaisanterie). Mais atteindre l'Asie centrale était le vœu de mon cœur, et le meilleur moyen de se débarrasser d'un désir obsédant, c'est de le réaliser. De plus, rapporter les premières nouvelles d'un immense territoire où les événements sont très obscurs pourrait bien devenir un « coup » de journaliste.

Un mois auparavant, en Mandchourie, j'avais rencontré le jeune écrivain Peter Fleming : il avait été envoyé pour la seconde fois en Chine par le *Times*. A Londres, précédemment, je l'avais interviewé pour savoir si une femme pouvait voyager seule à l'intérieur de la Chine, en adoptant la nourriture du pays. « Mais oui, bien sûr. Pourquoi pas ? me répondit-il, il serait absurde d'affirmer le contraire. »

Ensuite, quand nous avions travaillé tous deux

ensemble, au Mandchoukouo, j'avais appris qu'il projetait d'aller dans la mystérieuse Mongolie extérieure qui est sous protectorat soviétique. Et comme, pour atteindre mon but, c'était droit vers l'ouest que je devais me diriger, nous nous étions séparés avec la certitude que nos chemins ne se croiseraient plus.

Il était maintenant de retour à Pékin. Je lui parlai des préparatifs que je faisais avec l'aide du providentiel couple russe. Ce voyage lui fit soudain tellement envie qu'après avoir sérieusement débattu la question, nous décidâmes d'unir nos forces et de partir ensemble pour le Tsaidam. Notre association ne m'inspirait pas un grand enthousiasme, car je suis sûre qu'une faible femme qui voyage seule, dans un pays fertile en difficultés, a plus de chance de réussir que qui que ce soit. Et puis, nous n'étions guère logiques : les titres de nos derniers livres annonçaient des goûts similaires, sur lesquels nous semblions vouloir insister — et voilà que nous partions ensemble... Mais ce voyage pouvait être si long et si monotone qu'il valait mieux être ensemble — pour le cas aussi où notre expédition nous conduirait en prison !

Nous étions en janvier. En partant tout de suite et si tout allait bien, nous pouvions être à Kachgar en août ; cela ne nous laisserait que juste le temps d'arriver, sans danger, jusqu'aux

Indes, avant que les passes de l'Himalaya fussent enneigées. Nous gardâmes le secret au sujet de notre but ultime.

Nous nous contentions de dire que nous avions l'intention d'aller visiter le Koko-Nor, un lac éloigné, situé à l'ouest de la Chine. Mais quand je présentai mon passeport à la légation, je fis la bête et je demandai des « visas intérieurs » donnant accès au plus grand nombre possible de provinces. Il se trouva que le Sin-kiang était sur la liste, par inadvertance sans aucun doute. Peter Fleming n'eut pas la même chance et, par la suite, je disposais d'un moyen de le taquiner en lui disant que nous devions notre succès à mon passeport !

Il fallait penser à notre santé. Je savais par mes expériences en Mandchourie que les poux ne me dédaignaient pas et c'est par les poux que l'on attrape le typhus. Mais on avait découvert à Pékin un nouveau vaccin et on nous injecta à chacun, dans le bras, l'équivalent de deux cents poux écrasés !

Chacun de nous prit une seule valise, qui devait contenir tous ses vêtements, papiers, livres, son matériel photographique, ses médicaments, etc. La plupart des difficultés, dans la traversée des déserts, proviennent de ce qu'on a trop de chameaux de bât et pas assez de fourrage. La seule chose que nous nous obstinâmes à emporter, bien que cela parût absurde, ce fut nos machines à écrire ; mais nous pensions qu'elles pourraient être d'un secours inestimable en cas d'emprisonnement prolongé.

Peter emportait du tabac dans des boîtes de métal, pour son inséparable pipe, et deux fusils : le petit pour le gibier à plumes, le grand pour les ours et les brigands qui, au dire des Smigunov, étaient également abondants. Je pus me procurer un colt et je sentis immédiatement l'importance que cela me donnait ; je m'exerçai avec succès à Pékin, et moins d'une semaine après notre départ, je l'oubliai, je ne sais où. Quelqu'un le trouva, le restitua à son propriétaire, je n'en entendis plus parler et n'eus jamais l'occasion de le regretter.

Nous étions en route pour une des régions les plus reculées du globe, enfermée entre le Tibet montagneux au sud, l'immense désert de Gobi à l'est, les vastes forêts de la Sibérie au nord et par la chaîne du T'ien-chan, l'ancien théâtre de mes promenades, à l'ouest. Non seulement notre voyage allait nous emmener à des milliers de kilomètres du monde que nous connaissions, mais nous allions aussi faire une incursion de plusieurs siècles dans le passé. De la moderne Pékin nous reculerions jusqu'à la vie moyenâgeuse des villages de l'Asie centrale et, plus loin, jusqu'à la vie primordiale des plus hauts glaciers du monde !

CHAPITRE XII

Vers les Indes par voie de terre

Nous espérions bien que notre voyage durerait plusieurs mois, mais ce n'était pas certain du tout et chaque heure de nos journées était une heure d'anxiété, car l'instant suivant nous pouvions être arrêtés et refoulés. Ce que nous dit un journaliste suisse, en manière d'adieu, pouvait bien se vérifier : il devait avoir deviné que nos projets cachés étaient plutôt risqués, car il prit de nous tant d'instantanés sur le quai de la gare que, fatiguée de poser, je finis par protester : « Eh ! me répondit-il, si vous disparaissez pour toujours, qui sait si je ne ferai pas une fortune avec ces photos ? »

Au terminus de la nouvelle ligne de Lung-Haï, nous sortîmes de notre compartiment de troisième classe devant le mur imposant qui protège Sian ; nous étions dans un champ, la gare n'était pas encore construite !

Dans cette ancienne capitale de la Chine, nous apprîmes que l'armée communiste chinoise avait attaqué la ville quelques jours auparavant et que la route que nous devions suivre pouvait être coupée d'un moment à l'autre ; les troupes du gouvernement avaient été appelées à la hâte.

La construction de cette route n'était pas encore tout à fait achevée. Elle s'élevait jusqu'à plus de trois mille mètres d'altitude sur des montagnes jaunes et dénudées. Elle constituait la principale liaison entre la Chine et la province de Kan-sou (capitale Lan-tcheou). Nous la suivîmes sans autre mésaventure que d'être empilés avec vingt-cinq voyageurs par-dessus le chargement d'un camion. Nous avions si froid que les pannes, quand on crevait ou que la glace cédait sous nos roues arrière, étaient les bienvenues, car en aidant à réparer nous nous réchauffions. Nos nuits se passaient dans des auberges dont les fenêtres avaient des carreaux de papier au lieu de vitres, et où l'on apportait de petits braseros quand nous ne pouvions plus supporter le froid. Nos amis russes paraissaient en souffrir tout autant que nous.

Nous avions échappé au danger de nous trouver pris dans la guerre civile, mais à Lan-tcheou une nouvelle difficulté surgit : la police nous enleva nos guides-interprètes, les Smigunov ! Il nous semblait que nous ne pourrions jamais surmonter ce coup et que notre voyage était désormais voué à l'échec.

Ce furent huit jours de discussion et de bataille

avec la police, qui affirmait que tout Russe trouvé dans le nord-ouest de la Chine, qu'il fût ou non un réfugié, devait être refoulé sur la côte sous escorte. Appliqué avec plus de rigueur depuis la guerre civile, ce nouveau décret avait pour but de purger le pays des suspects.

Nos pauvres Russes durent retourner tristement à la vie citadine qu'ils détestaient ; quant à nous, notre situation semblait sans issue de quelque côté que nous l'envisagions. En voyageant cinq jours à dos de mulet, nous pouvions atteindre Si-ning, la capitale de la province de Koukou-Nor, la dernière ville que l'on rencontrait sur la route du Tsaidam.

Ce déplacement ne présentait aucune difficulté et nous décidâmes d'aller de l'avant et de voir s'il était possible de nous joindre à l'une des caravanes qui, disait-on, quittaient Si-ning, à cette époque de l'année.

Les eaux glaciales du fleuve Jaune baignaient les murs de Lan-tcheou ; en remontant la vallée le long de ses rives, nous vîmes d'énormes norias, nous admirâmes de petits temples bâtis sur des hauteurs, nous rencontrâmes des soldats à dos de chameaux qui venaient renforcer l'armée du gouvernement. Le pays était si pauvre qu'il nous arrivait souvent de ne pouvoir même pas trouver des œufs, et il n'y avait pas de bois pour chauffer nos chambres le soir. Autant que je pus m'en rendre compte, les

Chinois faisaient bouillir l'eau de leur thé avec une poignée de paille et de feuilles sèches. Les arbres qui croissaient ici autrefois ont été coupés sans merci ; maintenant l'eau de pluie ruisselle au flanc des montagnes sans rien qui l'arrête, entraînant les couches de terre fertile, et le pays est chaque année un peu plus pauvre et plus dévasté.

Nous pensions souvent à un étranger blond que nous avions rencontré aux portes de Lan-tcheou, un prisonnier escorté par des soldats. Comme nous nous croisions, il nous dit d'un air accablé : « *Kaput !* » Était-ce un présage ? Les Smigunov avaient entendu dire, au poste de police, que l'ordre de nous refouler avait été donné et nous attendait à la frontière de Koukou-Nor.

Si-ning nous apparut à deux mille mètres d'altitude, entourée de murs comme Sian et Lan-tcheou. Mais ici la vie n'était pas uniquement chinoise ; on y sentait des influences islamiques et tibétaines. La moitié de la cité appartenait à des Chinois musulmans. Quelques-uns d'entre eux sont probablement les descendants des soldats de Tamerlan qui parcoururent l'Asie au XIVe siècle ; mais, dans l'ensemble, leur sang est mêlé et ils ne sont pas sans ressemblance avec les vigoureux Chinois du Nord, quoique plus guerriers et d'un caractère plus décidé.

« Oiseaux annonciateurs de tempêtes asiatiques », ainsi les désignait Peter, dans un style journalistiquc. Par lcurs capacités, ils avaient acquis le monopole du trafic des caravanes et de l'hôtellerie. Le gouverneur militaire de la province était un général musulman comme le général Ma Chung Ying, le rebelle doungane qui avait déchaîné la guerre civile dans le Sin-kiang.

Je vis la salle de prière de leur vieille mosquée, dont le minaret ressemblait à la tour d'une pagode ; et dans les rues leurs turbans jaunes ou blancs frappaient le regard : pendant des mois, je n'avais rien vu d'autre que le minuscule calot noir des Chinois.

Les maisons dont les habitants étaient musulmans étaient plutôt mieux tenues que celles des Chinois, de même que leurs restaurants ; mais ils ne consommaient ni ne faisaient cuire de viande de porc, dont les Chinois font leurs meilleurs plats, pas plus qu'ils ne vendaient de boissons alcoolisées.

Les Barbares qui portaient de lourdes bottes de cuir aux pointes relevées étaient encore plus étonnants que les Dounganes. Ils venaient du Tsaidam et du Tibet, de ces régions où nous ambitionnions de pénétrer, et dans lesquelles nos traces iraient se perdre. Je les fixais d'un regard stupéfait, et peut-être que je les étonnais tout autant avec mes cheveux courts et mes culottes de cheval ; mais par une sorte de dignité naturelle, ils savaient dissimuler cette impression.

Les Tibétains sont élégants avec les bonnets en épaisse fourrure de lynx qui auréolent leur visage au nez droit. Leurs manteaux de laine rouge sont traversés d'un seul revers en peau d'agneau, et l'encolure est parfois ornée d'une bordure en léopard, signe de richesse.

Mais les Mongols du Tsaidam sont encore plus étranges : un bras passé dans une manche de leur manteau en peau de mouton, cuir en dehors, ils laissent découvert l'autre bras et leur poitrine nue ; attachée au cou, ils portent une boîte d'argent qui contient une petite figurine d'argile. Ce manteau pend jusqu'aux genoux, en formant d'innombrables plis ; à la taille, il blouse et forme une vaste poche, soutenue par la ceinture dans laquelle ils tiennent toutes sortes d'objets. A leur côté pend un sabre, et le fourneau de cuivre d'une longue pipe dépasse de leurs lourdes bottes. Quelques-uns portent le traditionnel petit chapeau de feutre à oreillettes, mais la plupart d'entre eux ont adopté des Homburgs fabriqués en série.

Avant de quitter Lan-tcheou, les Smigunov nous avaient donné l'adresse, à Si-ning, de Lu Hwa Pu, un marchand chinois en qui nous avions mis toute notre espérance. Nous étions allés trouver les missionnaires catholiques de l'endroit pour leur demander s'ils pouvaient nous procurer un domestique interprète, mais c'était introuvable. Les quelques missionnaires protestants du lieu nous évitèrent ; ils pensaient, sans aucun doute que, si nous venions à être en difficulté avec les autorités, il serait préférable d'avoir eu le moins possible affaire à nous. Un autre prédicateur puisait dans le récit de la Pentecôte le thème de ses discours évangéliques. Ces trois groupes de missionnaires, seuls représentants de la race blanche à Si-ning, étaient si hostiles les uns aux autres qu'ils ne se parlaient même pas : étrange conduite pour des gens qui auraient dû incarner la fraternité universelle ! Comment s'étonner que les Orientaux soient enclins à considérer les Occidentaux, en particulier dans le domaine spirituel, comme à la fois hypocrites et stupides.

Lu devint donc notre planche de salut. Nous allâmes lui exposer les difficultés dans lesquelles nous nous trouvions, et nous lui expliquâmes en russe de quoi nous avions besoin : des laissez-passer pour l'intérieur des provinces, une caravane qui se dirigerait vers l'ouest, un matériel complet de campement, et un domestique.

Les autorités locales nous avaient confinés dans la ville. En ce qui concernait le voyage que nous nous proposions de faire, les officiels voulaient d'abord être « couverts » par Nankin et, autant que nous pûmes en juger, ils télégraphièrent effectivement au gouvernement central pour savoir quelle sorte de gens nous étions. C'était tout ce qu'il y a de plus inquiétant, car c'est de Nankin que provenait l'interdiction pour nous d'entrer dans le Sin-kiang.

Peter était tellement inquiet qu'il télégraphia à un collègue chinois de la capitale pour lui demander de faire une enquête personnelle. Il répondit : « Visas tout ce qu'il y a de plus douteux. »

Les jours fuyaient avec une rapidité alarmante, mais nous gardions notre calme extérieur et nous continuions les préparatifs de notre expédition au Koukou-Nor avec une obstination têtue qui avait sa source dans le désespoir plutôt que dans l'optimisme : nous fabriquâmes une petite tente, nous achetâmes des ustensiles de cuisine et des peaux de mouton, nous choisîmes avec soin des provisions, de la farine, du riz, de la graisse de mouton, du thé, du sucre, des raisins secs, etc.

Nous ne laissions passer aucune occasion d'interroger les gens susceptibles de partir pour le Tsaidam. C'est ainsi que nous nous présentâmes chez une belle princesse mongole qui avait franchi une grande distance pour venir de Barun afin d'amener son fils aux écoles prévues spécialement pour les enfants des chefs mongols et tibétains qui ne savaient pas le chinois. Elle était vêtue comme ses compatriotes, mais sa pelisse en peau de mouton était plus longue et lui descendait jusqu'aux chevilles. Elie me plaisait tellement que je n'arrivais pas à détacher mes yeux de sa personne et je me demandais si elle était la première et dernière Mongole à qui j'aurais jamais l'occasion de parler ! Mais comme elle ne retournait pas dans son pays, elle ne pouvait nous être d'aucun secours.

En attendant, nous fûmes autorisés à visiter, sous l'escorte d'un soldat, la grande lamaserie de Kumbum, au sud de Si-ning, qu'on pouvait atteindre en un jour.

Tsong Kapa, célèbre réformateur tibétain et fondateur de la secte Jaune à laquelle appartiennent les dalaï-lamas, est né à Kumbum au XIVe siècle. Depuis lors les pèlerins, par centaines de milliers, sont venus dans cette petite vallée. Avec leurs offrandes, on a construit des temples aux toits dorés et organisé des fêtes à dates régulières. La plus connue s'appelle la fête des Fleurs, parce qu'on y voit de grands panneaux fleuris sculptés dans du beurre que le froid de l'hiver maintient complètement gelé.

Il s'y trouve des temples de style chinois dont les angles remontent vers le ciel, mais quelques constructions sont tibétaines et vont en diminuant de largeur de la base jusqu'à leur toit plat, avec des fenêtres peintes en rouge qui suivent aussi le mouvement de cette ligne vigoureuse.

Nous étions les hôtes d'un frère lai avec lequel nous nous entretenions par gestes, car il ne semblait rien comprendre aux quelques mots de pékinois que savait Peter. Dans sa chambre sombre, aux panneaux de bois, nous vîmes pour la première fois de la tsampa (farine d'orge grillée) la nourriture principale du Tibet, dont nous allions vivre nous aussi. Cela ressemblait à de la poussière grise, et tout d'abord, ne sachant qu'en faire, je refusai d'en prendre. Mais quand je vis notre soldat le mélanger dans son bol de thé avec une plaque de beurre, mes lectures me revenant à la mémoire, je reconnus enfin ce que c'était.

Nous passâmes la nuit dans le bâtiment et fûmes réveillés avant l'aube par le claquement des cymbales, le roulement des tambours, l'éclat des conques qui appelaient les lamas pour le premier office. Ces rudes gaillards se drapaient gracieusement dans de sales toges rouges qui dissimulaient en partie leurs volumineuses jupes. Ils étaient tous rasés de près et nu-tête, excepté le supérieur qui portait une impressionnante mitre de satin, sommée d'une crête épaisse.

Les pèlerins et les moines faisaient et refaisaient le tour de la principale pagode en marmonnant leurs prières et baisant les murs avec dévotion ; ils se prosternaient devant le temple de Tsong Kapa ou imprimaient une vigoureuse impulsion aux moulins à prière ; ces cylindres contiennent des rouleaux de papier sur lesquels sont imprimées des prières qui sont supposées devenir efficaces quand elles ont été mises en mouvement — et elles tournaient sans arrêt tout le long du jour.

L'intérieur du temple était chaud et accueillant. Le visage doré d'un grand bouddha présidait. Ses bras et ses jambes croisés disparaissaient sous des écharpes de soie, l'offrande traditionnelle dans les pays mongols et tibétains. Beaucoup de petites lampes à beurre, disposées avec symétrie sur une longue table, brûlaient à ses pieds.

Je me rappelais avoir lu quelque part que si un haut personnage comme le supérieur du monastère consentait à nous donner un mot de passe ou une lettre portant son sceau, tout homme que nous rencontrerions, soit au Tsaidam, soit au Tibet, aurait l'obligation de nous venir en aide. Je réfléchissais assidûment aux moyens d'entrer en rapport avec lui mais il fut impossible de trouver un interprète et nous repartîmes sans avoir pu parler à qui que ce soit. Il est vrai que nous n'étions pas des pèlerins.

Non loin de Kumbum il y avait un petit village préposé au service des caravanes. Nous nous y rendîmes afin de nous mettre en rapport avec un riche marchand musulman qui se trouvait être le beau-père du gouverneur militaire de la province. Comme il était midi, nous le laissâmes finir ses prières ; après quoi, nous expliquâmes dans notre chinois hésitant que nous étions en quête d'une caravane et d'un domestique capable de parler chinois, mongol et tibétain.

« Le prince de Dzun doit retourner au Tsaidam dans une semaine en compagnie de quelques marchands. Il vous est facile de vous joindre à eux, vous louerez quatre chameaux pour porter vos chargements. Un de mes hommes, Li, pourra aller avec vous ; il est métissé mongol-chinois et par conséquent il saura comment traiter avec les Mongols de qui vous allez dépendre. Li vous rejoindra à Tangar à une date convenue, c'est le dernier village sur votre route à un jour de marche de Si-ning. »

Ce fut au moins notre interprétation des réponses du marchand, car si vous vous figurez que nous savions le chinois, écoutez ceci : le marchand nous regardait tous deux et posait visiblement une question : « Oh ! non, lui répondit Peter, amis seulement. » Après quoi nous comprîmes que le sens de la question était : « Quel âge ont les très honorés visiteurs ! »...

Nous revînmes à Si-ning enchantés du tour favorable que prenaient les événements.

De retour à notre auberge, nous écrivîmes au

gouverneur militaire une lettre en style fleuri ; nous avions l'intention de voyager avec un respectable membre du personnel de son très vénéré beau-père ; et quoiqu'il puisse nous arriver, le gouvernement local ne serait en aucun cas tenu pour responsable de notre sort. (En 1927, deux Français avaient été tués dans cette province, probablement parce qu'ils n'avaient pas su traiter avec les nomades, qui ne sont jamais très disposés à louer leurs animaux.)

Nous ne sûmes jamais exactement ce qui se passa, mais le fait est qu'un jour Peter revint triomphalement du yamen avec le permis si vivement convoité. Il ne disait pas clairement si les autorités comptaient sur notre retour mais, en revanche, il spécifiait qu'une escorte militaire nous serait donnée. Heureusement, elle se réduisit à un vieux soldat qui n'avait pas la moindre envie de mettre trente-cinq kilomètres entre lui et sa bonne pipe d'opium ; un petit pourboire de Peter le décida sans peine à nous abandonner à nous-mêmes aussitôt sortis de la ville. Libres enfin de nous diriger vers l'ouest, nous laissâmes derrière nous tout autre souci.

Tangar, le village situé à la limite des solitudes, est bâti sur un versant de vallée à deux mille six cents mètres d'altitude. Les ruisseaux étaient gelés ; des chameaux nouveau-nés geignaient dans des paniers très haut perchés sur le dos de leur mère ; la route n'était qu'un sentier de montagne ; l'atmosphère était rude et brutale.

Tangar a la réputation de receler les pires bandits d'Asie, c'est l'endroit où il est prudent de ne croire personne et de tout mettre sous clef. Aussi accueillîmes-nous avec joie M. Urech, le missionnaire suisse qui vint en sauveteur à notre secours pour nous faire quitter notre misérable auberge. Sa femme et lui allaient d'ailleurs devenir tous deux notre Providence. Il nous dit que personne n'ayant traversé le Tsaidam depuis deux ans, qu'il était impossible de savoir où le rebelle Ma avait placé ses frontières. Quant à Mme Urech, elle nous demanda pour nous taquiner comment nous espérions traverser l'Asie en n'emportant que deux valises et quatre caisses. Nous lui expliquâmes que telle est la technique moderne : ne pas organiser une expédition nombreuse, mais voyager sans s'encombrer et adopter le genre de vie indigène. Au cours de nos voyages précédents, nous avions vérifié tous deux que cette méthode était la meilleure. Enfin, nous achetâmes deux poneys tangouts et nous emballâmes des provisions pour trois mois. Peter qui, avec un interprète, était allé chercher notre homme, Li, revint renseigné exactement quant au prix de location de nos quatre chameaux.

Dans la dernière lettre que j'écrivis alors à ma famille, je disais : « Si tout va bien, ma prochaine lettre sera datée des Indes, dans six mois d'ici ; mais il ne faudra pas vous inquiéter si dans un an vous n'avez pas de nouvelles de nous. Nous allons nous joindre à la caravane d'un prince mongol et voyager avec lui pendant dix-sept jours : ensuite nous ne savons pas ! »

Six semaines après notre départ de Pékin, nous quittions Tangar par la porte du Sud et près du pont nous fîmes nos adieux aux Urech. Pour conjurer le mauvais sort qui parfois punit les présomptueux, nous dîmes en plaisantant : « Ce ne sont pas des adieux ! Avec la guerre dans le Sin-kiang et le Tibet interdit aux étrangers, vous ne tarderez pas à nous voir revenir ! »

Alors, nous nous mîmes en marche vers les grandes solitudes de l'Asie. J'étais installée sur ma selle de bois rembourrée par mon sac de couchage comme sur un trône. Mon petit cheval, fou de joie de sortir de l'écurie, caracolait malgré mes efforts pour le maîtriser. Ses bonds en zigzag me rappelaient les virages, tours et détours de nos slaloms en ski et, aussitôt, je le baptisai Slalom.

Nous tournions désormais notre regard vers l'ouest et en prenant cette direction nous n'avions qu'à continuer jusqu'au moment où nous atteindrions le Sin-kiang, dans quelques mois. Libérée des entraves créées par les hommes, la vie que j'aime s'ouvrait devant moi : je savais qu'aucune journée ne serait la répétition de la précédente et que de chacune je pouvais attendre du nouveau.

En quelques jours, sans hâte, nous rejoignîmes l'importante caravane de notre prince mongol, dans son campement. On était à la fin de mars, le froid était intense, nous étions obligés de porter des bonnets de fourrure et de nombreux lainages sous nos épais manteaux.

Le grand Koukou-Nor, dont nous avions tant parlé, était tout blanc, gelé sous des couches de neige. Au cœur de cette grandiose région dénudée, les vents furieux soufflaient sans cesse et nous mordaient la peau du visage. Je ne tardai pas à prendre l'habitude d'étendre du beurre sur mes joues tous les matins.

Nous allâmes faire visite au prince. Nous lui apportions en cadeau, présentée sur une écharpe, une petite lunette d'approche. Jeune, un peu timide, les yeux à peine bridés dans un visage aux contours fermes et arrondis, il était très beau. Le côté extérieur de sa pelisse, en peau de mouton, était en satin d'un rouge éteint. On servit du thé beurré à notre intention, et pendant ce temps nous dîmes au prince combien nous lui étions reconnaissants de nous avoir autorisés à voyager avec lui ; car la traversée de ce pays où les nomades tangouts rançonnent les voyageurs isolés n'est pas rassurante, et désormais il y aurait toutes les nuits des hommes pour veiller sur le camp.

Et puis, jour après jour, notre existence se déroula conformément à des règles établies depuis des siècles. Avant l'aube, sans complications et sans bruit, deux cent cinquante chameaux chargés, trente chevaux et quatre-vingts personnes étaient prêts à partir. Nous autres cavaliers, voyageurs privilégiés, nous étions libres de vagabonder comme bon nous semblait pendant que les chameaux de Bactriane cheminaient à l'allure de quatre kilomètres à l'heure. Pendant la matinée Peter se mettait en quête de canards ou d'oies à tirer et c'était moi qui conduisais son poney à côté du mien.

Enfin, je revenais aux mœurs des nomades, mœurs aussi vieilles que le monde. Dans un certain sens, ce n'était pour moi que la suite de mon voyage au Turkestan russe. L'odeur des chameaux et de leur respiration fétide pendant qu'ils ruminent m'était familière. Déjà j'avais fait halte au point d'eau, déjà j'avais ramassé du crottin sec pour avoir du combustible. Je connaissais la joie de tenir entre mes mains glacées un bol, longuement attendu, de thé fumant, et j'étais partie à la recherche de chameaux qui s'étaient égarés en broutant. J'avais écouté le silence du soir quand les yeux vous cuisent, après une marche de toute la journée contre le vent. Il faut retourner à une vie primitive pour connaître cette sorte de faim qui fait de chaque bouchée une occasion de solide satisfaction, et j'aimais cette vie. Et ainsi nous avancions jour après jour.

J'aspirais à oublier qu'inévitablement nous devrions un jour retourner chez nous. J'avais même perdu tout désir de jamais y retourner. Mes habitudes ne seraient plus celles de mes contemporains, je me sentirais isolée au milieu d'eux, dans cet Occident où rien ne m'attirait. J'aurais aimé que le voyage durât autant que ma vie.

Nous avions traversé les collines qui s'élèvent au sud de Koukou-Nor sans être attaqués par les brigands et nous avions atteint le Tsaidam, une plaine unie qui s'étendait devant nous sur des centaines de kilomètres. Quelquefois, quand il n'y avait pas d'eau à l'étape, nous chargions des blocs de glace sur nos chameaux. Le soir, quand je préparais le seul repas de la journée, un oiseau ou un lièvre tué par Peter améliorait notre ordinaire. A Dzun, un misérable trou habité par un lama et trois vieilles femmes, notre grande caravane se disloqua et des Mongols se dispersèrent par petits groupes pour rejoindre leurs terrains de campement dans les environs.

Au midi, suivant une ligne parallèle à notre piste, une haute chaîne marquait la frontière du Tibet proprement dit ; pour aller à Lhassa, il fallait suivre pendant quarante-cinq jours le sentier qui en franchit les vallées.

Les seuls compagnons qui nous restaient étaient des chercheurs d'or qui se proposaient de laver le sable de la rivière que nous allions traverser. Depuis que nous avions quitté le prince, la principale difficulté était de trouver des chameaux à louer. Au printemps les animaux sont faibles et fatigués, ils ont trop peu à manger et ils reviennent de Si-ning où ils vont une fois l'an pour en rapporter de la farine, du thé, des chaussures et des vêtements de coton bon marché. La terre durcie par le gel est favorable à la marche mais défavorable à la végétation, qui ne fournit plus guère de nourriture aux chameaux.

Li était obligé de discuter et de marchander avec beaucoup de patience. A la fin, il réussissait à obtenir des animaux pour trois jours, après quoi la même comédie était à recommencer.

Dans un camp, nous rencontrâmes des lamas qui depuis trois semaines attendaient des bêtes de somme. En voyant que les circonstances leur étaient contraires, ils avaient décidé d'interrompre leur voyage et de retourner à Lhassa. Comme tous ceux que nous avions approchés, ces Tibétains prenaient grand plaisir à venir nous voir pour jouer avec un livre, un miroir, un couteau ou une boîte de conserve. L'un d'eux me rappela ces corpulents Français que l'on rencontre à Marseille, dont il avait aussi la jovialité : chaque fois qu'il se levait pour partir, bien qu'il se baissât le plus possible, son large postérieur restait pris entre le piquet et la paroi de la tente, si bien que nous avions peur qu'il ne l'emportât avec lui ! Le matin, de bonne heure, il récitait les prières, accompagné par le tintement de la clochette qu'il agitait.

En général, nos visiteurs quotidiens étaient des malades qui espéraient que ma pharmacie accomplirait des miracles. Je leur expliquais soigneusement, mais en vain, que je n'étais pas médecin. Quand le temps devint plus chaud, le sol commença à dégeler et devint un marécage glissant. L'herbe nouvelle commença à pousser, vrai régal pour nos chevaux si longtemps nourris d'orge.

Ce fut dans cette atmosphère de printemps commençant que nous approchâmes de Teijinar, résidence d'un prince et le meilleur terrain de pâturage du Tsaidam. Jusque-là, il nous avait été possible de faire à l'avance nos plans de voyage, mais qu'allait-il arriver ensuite ? C'est ce que nous n'aurions pu dire. Tout dépendait d'une circonstance : Boro, un Russe réfugié, ancien associé des Smigunov, habitait-il encore ici ? Il était le seul avec qui nous puissions discuter la suite de notre expédition.

Le cœur anxieux, nous approchâmes des quelques yourtes en feutre de Teijinar : nous allions savoir à quoi nous en tenir. Avec quel soulagement nous apprîmes que le Russe n'avait pas quitté le pays ! Nous le trouvâmes auprès des deux yourtes dans lesquelles il réunissait les laines et les cuirs qu'il exportait en Chine. Depuis la révolution bolchevique, il avait toujours erré à travers l'Asie centrale, vivant comme un Mongol, séparé pour toujours de sa femme et de ses enfants.

Tout en fumant une longue pipe chinoise au minuscule fourneau, une expression de bonté sur sa figure barbue éclairée par un feu de broussailles, Boro nous exposa la situation : dans le Sin-kiang elle était loin d'être réglée, les Dounganes rebelles disposaient des oasis les plus rapprochées, à un mois de voyage d'ici ; ils détestaient les Russes qui avaient aidé le gouvernement de la province à les battre dans le Nord, l'année précédente. La piste principale du Tsaidam à l'oasis de Cherchen conduisait à un poste-frontière fortement gardé et de longs mois s'étaient écoulés sans que personne eût passé par là.

Mais si nous suivions un chemin détourné à travers le Tibet septentrional, nous aurions plus de chances d'entrer au Sin-kiang sans être arrêtés. Pour cela, il faudrait voyager à une altitude de cinq mille mètres en passant par des vallées désertes où l'eau était rare et où nous pouvions marcher deux ou trois semaines de suite sans rencontrer âme qui vive.

Nous décidâmes d'essayer cette route. Nous étions dans la jubilation à l'idée de passer très près de régions que la carte qualifiait « d'inexplorées ». Mais nous avions d'abord à surmonter toutes sortes de difficultés : personne ne voulait nous servir de guide et il n'y avait pas moyen de louer des chameaux pour cette destination. Nous nous présentâmes chez le prince du pays qui siégeait dans son énorme yourte (très semblable à celles que j'avais vues au Kirghizistan), entouré de sa cour de patriarches, mais il demanda de ses animaux un prix si fabuleux que nous nous retirâmes sans avoir pu conclure aucun marché.

Nous achetâmes quatre chameaux et Boro, avec une grande obligeance, consentit à nous montrer le chemin, bien qu'il y eût quelque risque pour lui à monter à une telle altitude : à Teijinar, déjà, il devait ménager son cœur. Et nous partîmes tous les trois pour l'une des régions les plus désolées du monde.

Plus haut, l'hiver régnait encore ; la mince et élégante empreinte de l'antilope était profondément marquée dans la neige. Nous suivions lentement une vallée creusée par l'érosion d'où toute trace humaine avait disparu parce qu'on avait cessé de la fréquenter. Nous tirions des antilopes que nous mettions à bouillir avec des macaronis chinois, nous faisions fondre de la neige pour le thé, nous admirions des ânes sauvages qui s'enfuyaient en file indienne au galop.

Je n'oublierai jamais ces jours froids et purs, exempts de soucis compliqués ; j'étais heureuse de ne rien posséder d'autre qu'un sac de couchage et les vêtements que je portais, et je dégustais la tsamba mêlée à du thé dont je me nourrissais. Il me semblait que, dussé-je ne jamais rentrer chez moi, la joie calme que je ressentais ne pourrait jamais s'altérer ; et ce détachement n'avait aucun rapport avec de l'indifférence car je me sentais vivre intensément. J'avais pris conscience de cette vérité : ma famille et mes amis pouvaient très facilement vivre sans moi !

Boro tenait à ne pas venir avec nous jusqu'au Sin-kiang car sa vie pouvait être mise en péril par les Dounganes. Aussi, lorsque nous rencontrâmes quelques bergers (ce furent les seuls en un mois), fut-il content d'arranger avec eux la suite de notre voyage. Nous nous séparâmes avec tristesse, regrettant de perdre un si bon ami et sachant que personne ne le remplacerait pour répondre à nos questions.

Comme Boro, ces bergers ignoraient tout de la situation dans le Sin-kiang ; effrayés par la guerre et bien qu'ils fûssent à court de tout excepté de mouton, ils répugnaient à quitter leurs plateaux froids et déserts. Il fallut l'espoir d'une forte récompense pour les décider.

Les jours les plus difficiles de notre voyage approchaient. Les sources étaient rares et leur eau alcaline. Mon fidèle petit Slalom et deux de nos chameaux étaient si malades qu'il fallut les abandonner en espérant contre toute espérance qu'ils se rétabliraient. Nous ne pouvions pas nous arrêter pour nous occuper d'eux, nous étions trop à court de vivres et la loi des déserts d'Asie interdit de mettre à mort un animal : à Dieu seul le pouvoir de trancher le fil d'une vie [1].

Nos deux nouveaux guides n'étaient ni mongols ni tibétains, mais se rattachaient à un type indo-européen du Sin-kiang, probablement d'origine iranienne : nous avions laissé derrière nous le « monde jaune ».

Vers un horizon que barraient de hautes montagnes neigeuses, nous avancions en traversant des contrées stériles, trop hautes même pour une végétation de buissons. Nous passâmes à côté d'un beau lac bleu mais son eau était salée. Quelquefois nous faisions quatorze heures de marche d'une seule traite et nous nous

1. Pour la viande indispensable à l'alimentation, des grâces spéciales sept fois répétées sont dites, pour obtenir la purification du péché de tuer et de manger de la chair. L'efficacité de ce rite consiste à faire renaître dans le Ciel l'animal dont on a mangé la chair. *(N.d.A.)*

endormions l'estomac vide, n'ayant pas trouvé d'eau pour notre repas du soir. Mais nous n'étions jamais vraiment dans l'inquiétude, car nous savions que chaque pas nous rapprochait du monde habité.

Nous traversâmes la grande chaîne des Kouen-louen sur laquelle s'arc-boute la frontière nord du Tibet et redescendîmes ensuite lentement le long d'une de ses impressionnantes gorges. L'herbe qui jusque-là n'apparaissait que par plaques, en touffes semblables à des pustules, devenait haute et drue et s'étendait en tapis continus. Des bergers, qui nous donnèrent du lait caillé et des galettes de farine d'avoine, nous dirent que la paix était établie à Cherchen depuis quinze jours : nous pouvions sans crainte nous approcher de la ville.

Nous descendîmes d'une altitude de plus de quatre mille mètres pour arriver à quinze cents mètres dans le désert du Takla-makan : on était en juin et nous y fûmes suffoqués par une chaleur torride.

S'il était heureux pour nous que la guerre civile fût terminée, nous ne pouvions quand même pas deviner de quel œil les autorités locales verraient nos passeports.

Les Indes britanniques ont quelques postes d'agents consulaires dans les principales oasis du Sin-kiang. Nous connaissions l'existence de ces « Aksakals », ou barbes blanches, et nous allâmes en toute hâte nous présenter chez l'un d'eux pour nous mettre sous sa protection. Mais deux soldats à cheval étaient à notre recherche et nous signifièrent de les suivre. Leur ton cassant n'était pas sans nous alarmer. La joie que nous éprouvions à voir des arbres frémissant de toutes leurs feuilles vivantes, à entendre les coqs se répondre, à respirer le parfum capiteux qui se dégageait des haies de chèvrefeuilles, à jouer avec les pétales délicats d'une lourde rose, cette joie en fut quelque peu réfrénée.

Dans la ville, dont les maisons étaient en torchis comme en Chine, on nous conduisit à une habitation abandonnée, pendant que quelqu'un allait soumettre nos passeports aux autorités militaires. Après deux ou trois heures d'attente dans une cour étouffante, on nous déclara « en règle » et nous allâmes à la maison de campagne de notre Aksakal. La foule qui était massée autour de nous avait peine à croire que Peter était Anglais ; les gens avaient décidé que nous ne pouvions être que Russes.

Malheureusement l'Aksakal ne parlait que l'ourdou, le persan, le chinois et le turki ; et nous le français, l'anglais, l'allemand et le russe. Mais nous arrivâmes à comprendre qu'il fallait un mois pour aller à Kachgar où habitait toute l'année le seul consul anglais du Sin-kiang et que Khotan, une oasis qui se trouvait sur le chemin, était la capitale des Dounganes. Le général rebelle, Ma, glorifié comme un héros par ses partisans, avait disparu mystérieusement ; on chuchotait qu'il était allé faire un tour en Russie.

Tout le long du jour des gens venaient nous voir ; les uns voulaient être soignés, d'autres demandaient les dernières nouvelles du monde civilisé. Et nous avions naïvement cru qu'en arrivant à Cherchen, venant du nord du Tibet, nous retrouverions la civilisation ! Personne ne paraissait comprendre par où nous avions passé : les habitants de cette fertile oasis où mûrissaient en quantité les abricots et les raisins ne pouvaient concevoir que l'on entreprenne un voyage à travers le sauvage Tibet et qu'on affronte les dangers de ses féroces blizzards.

Nous allions maintenant faire connaissance avec la chaleur brûlante du désert. La nuit, nous campions à côté de points d'eau où des myriades de moustiques prenaient naissance. Nous ne pouvions pas voyager de nuit, nous aurions perdu le sentier si faiblement tracé dans les sables croulants. Nous n'avions trouvé qu'un seul cheval à louer, de sorte que l'un de nous devait monter un âne. Ce fut moi pendant un jour, mais cela coïncida avec une si forte crise de lumbago (ou bien c'en fut la cause) qu'ensuite le confortable cheval me fut attribué.

Jusque-là, nous avions eu énormément de chance et nous étions bien en peine de dire pourquoi. Peut-être les autorités de Cherchen, n'ayant jamais eu affaire à des étrangers venus par le Kouen-louen, ne savaient-elles trop quel réglement appliquer à notre cas... Mais d'autres Européens pouvaient bien ne pas réussir aussi heureusement que nous. (Le savant allemand Filchner, qui suivit la même route l'année d'après, passa effectivement six mois en prison à Khotan, et la même chose arriva à l'équipage d'un avion allemand qui fut obligé d'atterrir près de Khotan en 1937.) D'ailleurs, si Peter avait été un dangereux espion, il ne se serait pas encombré d'une femme. Le fait que je puisse être, moi, la personne suspecte qui s'était encombrée d'un ancien élève d'Eton ne serait probablement jamais venu à l'idée de Dounganes habitués à avoir, pour les femmes, à peu près autant de considération que pour du bétail. Ou bien, l'Inde étant le seul pays où les Dounganes pouvaient se fournir en armes modernes, tenaient-ils à se montrer bienveillants envers un sujet britannique ?

En tout cas, notre succès était acquis, et nous n'avions plus guère de chances désormais de nous trouver en danger — certitude qui n'était pas sans ôter au voyage une partie de son charme ! Toutefois il y avait une frontière où nous aurions peut-être encore des occasions d'émotion : quand nous sortirions du pays dont les rebelles étaient maîtres, le gouvernement provincial chinois pourrait bien nous faire arrêter. Mais nous serions alors si près du consul de Grande-Bretagne que notre situation risquait peu d'être désespérée.

Le désert ne nous offrit pour commencer que de misérables oasis. Les points d'eau ne pouvaient suffire aux pauvres petits jardins moribonds que les dunes de sable en forme de croissant étouffaient sous leur sable mouvant.

Le pays est plus sec de nos jours qu'il ne l'était il y a quelques siècles : le débit des rivières du Tibet va en diminuant et leur cours se raccourcit. Il nous était difficile de croire que cette piste avait été autrefois la fameuse route de la Soie. Au temps où la Chine fournissait en soie l'Empire romain, c'est à travers l'Asie centrale que se faisait le trafic régulier des caravanes, et plus tard, au Moyen Âge, quand les marchands génois eurent des succursales sur la mer Noire, Marco Polo et ses deux oncles firent le voyage par cette route.

Les sables ont conservé des sculptures et des documents écrits aussi bien que des tissus précieux. Ils montrent quel degré élevé de culture avait atteint le Sin-kiang, qui n'a plus maintenant qu'une civilisation rudimentaire. Le bouddhisme a suivi cette route pour pénétrer en Chine et au Japon et y apporter avec lui l'art de la période gréco-bouddhique. La route de la Soie n'a perdu son importance que lorsque les

Portugais ont découvert le moyen d'arriver en Extrême-Orient par mer.

Khotan est une grande ville située au cœur d'une contrée fertile où les champs de maïs, de luzerne et de riz sont bien irrigués. Il n'y a pas longtemps, avant que les Soviets aient commencé à monopoliser le commerce de cette province, Khotan travaillait beaucoup pour les grandes caravanes qui entraient aux Indes en franchissant les cols du Karakoram.

Nous restâmes une semaine dans cette capitale des Dounganes et, nous rappelant notre rôle de correspondants spéciaux, nous demandâmes des interviews à des généraux et à des personnalités de premier plan. Qui était à l'œuvre dans les coulisses ? Qui manœuvrait les pions sur l'échiquier de l'Asie centrale ? Combien de temps les Dounganes pourraient-ils résister aux Soviets envahissants ? Était-ce peut-être le Japon qui finançait ces ennemis des Soviets ? Ou l'Angleterre, redoutant les progrès du communisme dans une région si voisine des Indes ?

Des compagnies de recrues turkies (jeunes et vieux) faisaient le pas de l'oie, en l'accompagnant de larges mouvements des bras ; leurs crânes ronds et rasés portaient souvent les marques de la maladie de peau si fréquente dans ce pays, et l'exercice qu'on leur imposait semblait leur inspirer une véritable horreur.

Quelquefois nous rencontrions des prisonniers de guerre, amenés de loin pour être interrogés et condamnés par le général commandant l'armée doungane. Des massacres avaient eu lieu au cours des quelques dernières années ; les paysans avaient été saignés à blanc par les dirigeants quels qu'ils fussent, d'abord les Chinois, ensuite à nouveau les Dounganes. Ces derniers avaient perdu leur suprématie sur le Sin-kiang (qui est deux fois grand comme la France) dans une bataille où l'intervention d'avions soviétiques avait sauvé le gouvernement provincial : quelques bombes avaient suffi à lui assurer la victoire. Quelle situation paradoxale ! Les Soviets, défenseurs du Peuple (en principe), aidaient un gouvernement chinois moyenâgeux et usurpateur à opprimer des musulmans qui se révoltaient contre lui !

Bien que quelques tribus mongoles soient bouddhistes, le Sin-kiang est maintenant un pays musulman. Les Chinois n'y sont que des colons ; ils ont dans chaque ville quelques fonctionnaires et quelques marchands qui organisent le trafic dans le désert de Gobi. Les paysans sont désignés comme Turkis, car bien qu'ils soient des Blancs d'origine iranienne, la langue qu'ils parlent est une ancienne forme de turc.

Au bout de quinze jours, nous arrivâmes à

Kachgar, sans difficultés. Des hordes de puces nous piquèrent, une de nos valises tomba dans un fossé, et nous eûmes à attendre patiemment le moment favorable pour traverser les multiples bras du grand fleuve Tarim : telles furent nos seules aventures.

De Kachgar je contemplais la chaîne des T'ien-chan qui se profilait vaguement à l'ouest et d'où j'avais jadis regardé vers l'est avec une si profonde envie. Ce que j'avais souhaité s'était réalisé en moins de trois ans, qui avaient passé pour moi comme un rêve : ni mes moyens, ni mes capacités professionnelles n'auraient pu me permettre de tels espoirs. Il me semblait toujours tout naturel d'être là où je me trouvais, mais cette fois je savais que je vivais une heure solennelle. Naturellement, nous avions imaginé quelle impression cela nous ferait d'arriver à Kachgar ; et pourtant, de Pékin, l'idée même d'y parvenir nous avait paru insensée.

Le consul campait dans la montagne à cause de la chaleur, ainsi que les missionnaires suédois. Mais un vice-consul nous reçut dans une confortable maison. Pour quelqu'un qui arriverait des Indes en franchissant l'Himalaya, Kachgar paraîtrait probablement être le bout du monde ; mais pour nous, il semblait presque que nous fussions de retour en Europe. Pouvoir prendre un bain à loisir dans une baignoire au lieu de barboter dans un ruisseau ! S'enfoncer dans un bon fauteuil au lieu de s'asseoir par terre les jambes croisées ! Boire dans de fines tasses de porcelaine et non dans des bols en bois ! Avoir un vrai lit avec des draps ! Et le thé matinal, la salade, le café noir, les journaux... Nous avions perdu l'habitude de tous ces raffinements ! Et quelle nouveauté de comprendre les réponses que l'on faisait à nos questions...

Le pays avait été sérieusement secoué par la guerre civile et les Soviets étaient les maîtres dans la coulisse. Pour les questions importantes, il fallait en référer à Ouroumtsi, la capitale, où le gouverneur était entouré de conseillers russes qui l'espionnaient. Les gens riches, à qui cet état de choses ne plaisait pas, ne pouvaient pas obtenir des autorités des visas de sortie quand ils voulaient passer aux Indes. Les témoins étrangers étaient considérés comme indésirables et même les missionnaires qui avaient passé leur vie entière dans ce pays savaient que bientôt il leur faudrait le quitter. (A Delhi, en 1939, je vis le dernier qui avait été expulsé.)

La situation se gâtait de nouveau ; Peter avait probablement eu raison de vouloir voyager aussi vite que possible, sous prétexte d'aller, disait-il par plaisanterie, chasser le coq de bruyère chez lui avant l'hiver. A Kumbum et à Dzun, j'aurais donné beaucoup pour prolonger le séjour et organiser une expédition dans les environs. Mais Peter ne fut pas d'accord et j'espérais que, soit de Kachgar soit de plus loin encore, je pourrais partir de mon côté, aller partager la vie d'une tribu de nomades, apprendre leur langue et le secret de leur noblesse innée.

Mais maintenant ma confiance était ébranlée. En ces temps troublés, ma présence créerait probablement des difficultés à la tribu kirghiz que j'aurais choisie. Mieux valait quitter le Sinkiang quand il en était encore temps. Nous demandâmes aux fonctionnaires de la ville de nous donner des visas de sortie : nous voulions partir avant que les sentiers ne fussent bloqués par les intempéries de l'hiver. Par pure curiosité nous demandions, en même temps, au consul des Soviets si nous pouvions prendre la route de Tachkent, le plus court chemin pour regagner l'Europe. « Cette route est fermée à cause d'une épidémie de peste », nous répondit-on ; et nous comprîmes sans peine ce que cela signifiait !

En attendant nos visas et ceux de nos muletiers, nous nous amusions à jouer au football avec les Hunza, scouts de la garde. Je jouais de mon mieux, ce qui ne contribua pas à dissiper la rumeur suivant laquelle un Russe blanc, déguisé en femme, était arrivé avec un Anglais !

Un soir, il y eut une grande réception en notre honneur. Cela commença par un premier détail curieux : le porteur de l'invitation prit soin de nous indiquer « son heure », car chaque consulat vivait selon l'heure qui lui convenait.

Heureusement, le consul et sa femme étaient de retour et, nous accompagnant, ils nous aidèrent à éviter les infractions à l'étiquette.

Tous les notables semblaient vivre dans la terreur d'être destitués ou supprimés et ne se déplaçaient qu'entourés d'une solide compagnie de gardes du corps. Ainsi faisaient nos hôtes, le général chinois, le général turki et le gouverneur de la ville. Même quand ils étaient à table, leurs hommes armés se tenaient à trois mètres d'eux.

Le banquet eut lieu dans un des jardins récemment confisqués par les autorités ; de longues tables étaient dressées sur une estrade couverte. En attendant que tout le monde fût arrivé, on nous servit des sucreries, des cigarettes, du thé et des fruits ; chaque invité était reçu par une fanfare de trompettes qui faisait se cabrer les chevaux.

Les seules boissons servies à ce repas européen étaient de la bénédictine, de la vodka et du cognac — et il fallait continuellement vider son verre en l'honneur de quelque invité. La soirée s'annonçait dangereuse comme si quelqu'un avait juré que nous serions ivres, alors que c'était le moment où jamais de garder sa tête à soi ! Nous savions qu'un des petits trucs en usage dans le pays consistait à se débarrasser de ses ennemis au cours d'un banquet, et Peter se demandait jusqu'à quel point un correspondant du *Times* pouvait être considéré comme indésirable à Kachgar.

Les hommes avaient ôté leur habit et une atmosphère de guinguette régnait. La conversation était de plus en plus incohérente et d'une voix rauque, le général chinois entama son speech. Il s'arrêtait à la fin de chaque phrase pour permettre aux interprètes de le traduire, pour leurs maîtres, en anglais, turki, russe et persan. Des louanges furent adressées à grand renfort de superlatifs aux avions soviétiques et aux courriers des Indes qui avaient apporté du sérum antipesteux à Kachgar. Puis ce fut le tour de Genève, « la plus grande ville du monde » à cause de la Société des Nations. Et le *Times* était le meilleur de tous les journaux. Le général ne tenait pas très bien la boisson et il le savait. Riant de ses propres plaisanteries, il finit brusquement en annonçant : « Je vais m'arrêter, je crains de me répéter... et je ne me rappelle pas ce que j'ai déjà dit ! »

Un orchestre turki jouait à l'arrière-plan. Et tout à coup on vit le plus comique des généraux chinois, son revolver (il était connu pour être prompt à s'en servir, et bon tireur) se balançant par-dessus ses culottes militaires, exécuter un solo de danse. Pour me faire enrager, Peter déclara que je savais danser les pas turkis : malgré moi, il me fallut faire face au général et imiter ses mouvements. Je me vengeai en révélant à la campagnie que Peter chantait délicieusement, mais on essaya en vain d'obtenir un récital du rougissant Anglais.

Quand le consul nous donna le signal du départ, je pouvais à peine tenir debout et c'est par un miracle de volonté que je parvins à marcher. De ma vie, je n'ai jamais été et je ne serai plus jamais ivre à ce point.

Comme un morceau de choix pour le dessert, la dernière étape de notre voyage promettait d'être merveilleuse. Nous allions escalader les Pamirs, entrer aux Indes par le haut col de Mintaka, longer la chaîne du Karakoram et franchir l'Himalaya pour arriver dans la province du Cachemire. Quarante jours de voyage, si tout allait bien...

Nous avions monnayé l'or en lingots que nous transportions avec nous pour pouvoir acheter des bêtes de somme et, le jour du départ, rien ne nous manquait. Nous n'avions plus l'air de vagabonds échappés de Chine. Pour la première fois nous faisions figure de voyageurs présentables : nos passeports étaient en règle ; nous avions cinq bons poneys ; un drapeau anglais destiné à intimider les voleurs éventuels flottait sur nos caisses (qui n'avaient aucun rapport avec ces caisses à savon disloquées que nous avions achetées à Si-ning ; c'étaient de véritables *yakdan* qui pouvaient rouler au fond d'un précipice sans s'ouvrir) ; j'avais une éponge neuve, et Peter avait pu se procurer du dentifrice — enfin !

Deux soldats chinois nous escortaient et tout alla bien jusqu'au moment où nous atteignîmes les montagnes ; là nous commençâmes à ne plus nous sentir bien tranquilles, car nos muletiers réquisitionnaient avec rudesse les yaks des Kirghiz récalcitrants. Ces hommes invoquaient probablement l'importance de notre escorte armée pour faire croire que nous étions des fonctionnaires et avions qualité pour lever cette contribution. Mais nos demandes de précisions et nos remontrances faites dans un chinois hoquetant ne changèrent rien à ces abus.

Comme j'étais heureuse d'être, une fois de plus, dans la montagne, de retrouver la vie simple de la tente, d'avoir quitté en même temps le luxe du consulat et les auberges infestées de puces ! Mais ce fut une triste surprise pour moi de découvrir que l'une des plus anciennes routes de caravane d'Asie était une piste sauvage où nos montures risquaient souvent de se rompre le cou sur les rochers de gorges abruptes. Quant aux bâts, c'étaient des objets si primitifs qu'en une semaine leur frottement avait mis à vif le garrot de toutes nos bêtes.

Nous avancions sur un « pamir » où les territoires des Soviets de l'Afghanistan, de l'Inde et du Sin-kiang sont à quelques kilomètres les uns des autres : politiquement et géographiquement, c'est un des « nœuds » de l'Asie. Les Pamirs, « le toit du monde », ne sont pas plats comme je l'avais vaguement imaginé dans mon enfance. L'expression « toit » provient du fait qu'aucune des vallées de cette région n'est située au-dessous de trois mille mètres et que les chaînes qui constituent les grandes arêtes de l'Asie : les T'ien-chan, l'Hindou Kouch, les Himalayas, et le Kouen-louen, semblent toutes rayonner de ce même point de départ. « Pamir » est le synonyme d'Alpe, pâturage. Ici, même les animaux qui viennent de la vallée pauvre du Hunza (de l'autre côté de la frontière des Indes) ont le droit de paître.

Un après-midi j'étais montée seule sur une montagne escarpée pour admirer un pic très élevé marqué sur la carte, mais d'épais nuages cachaient tout. Pendant que je me reposais au sommet, la peur de cette descente glissante sur des schistes croulants me causa une angoisse soudaine. Je me posais cette question : quelle impression me fait l'idée de trouver la mort dans les rochers éboulés à mes pieds ? Mais qu'est-ce que la mort, après tout ? Pourquoi la craindre ? Mes voyages m'avaient déjà convaincue que les miens pouvaient se passer de moi — bon ! Mais ce dont il s'agissait maintenant, je le voyais clairement, c'était de moi-même ;

ce « moi » qui ne voulait pas disparaître sans avoir accompli quelque chose, quelque chose qui ait une valeur, quelque chose qui me sauverait du néant, qui satisferait si humblement que ce fût la soif d'éternité que je sentais au-dedans de moi.

Et pourtant, faire vingt kilomètres par jour, des mois et des mois de suite, c'était un étrange moyen d'étancher cette soif, si tel était vraiment mon vœu profond ! Qu'est-ce donc qui me conduisait ainsi aux quatre coins du monde ? Quel était ce besoin de voir et de comprendre ? Est-ce que je me préparais des épreuves uniquement pour le plaisir de les surmonter ? Et la plupart de mes exploits étaient-ils destinés à me donner confiance en moi-même et à cela seulement ? Alors, jusqu'à quand me faudrait-il continuer ainsi à m'affirmer devant moi-même ?

Je me sentais encore tellement jeune, tant de questions restaient irrésolues que... non, je ne pouvais pas faire ce faux-pas mortel, il fallait que je vive, et que je trouve ce que je cherchais.

Pendant nos montées vers les cols, quand nos poneys donnaient des signes de fatigue, Satar, notre muletier, leur piquait une grosse aiguille dans les naseaux. C'est une coutume vieille comme le monde : la saignée diminue la congestion due à l'altitude.

Dans les Pamirs nous rencontrâmes des Kirghiz aux pommettes saillantes qui parlaient le turki, mais aussi des Tadjiks d'un type iranien très pur qui parlaient une vieille langue persane. Avec leurs longues barbes noires et leurs hauts bonnets, ils me rappelèrent les bas-reliefs de Darius.

A Tachkurghan, un petit village situé au pied d'une vieille citadelle, se trouvait le dernier poste chinois avant la frontière. Dans une cour, une caravane venait d'arriver des Indes avec un singe ; je regardais avidement ces hommes de couleur foncée qui portaient de volumineux turbans. Nous venions de descendre d'un col et, à l'altitude de trois mille mètres, les nuits étaient bien moins froides. Mais quelques jours plus tard, en approchant du col de Mintaka, nous nous trouvâmes en plein dans une tempête de neige. Par bonheur le temps s'éclaircit au moment où nous arrivions au sommet, à quatre mille huit cent soixante mètres, et ce fut comme si on avait levé un rideau. On ne peut imaginer une passe dont les deux versants présentent entre eux un plus grand contraste : derrière nous, les Pamirs chinois avec leurs contours arrondis, leurs ondulations errodées, couvertes d'herbe drue, tandis que vers le sud, ce n'étaient que précipices, rocs à pic, glaciers suspendus et sombres moraines, absolument dépouillés de toute végétation.

Nous dévalions en trébuchant fréquemment. Quand un des animaux tombait entre les rochers, c'étaient nos hommes qui allaient à son secours et le délivraient de son chargement.

Nous avions passé avec succès la dernière frontière ; aucun bandit ne nous avait attaqués. Néanmoins, on nous avait raconté des histoires qui nous incitèrent, par prudence, à mettre en lieu sûr nos films et nos carnets de notes, car c'était ce que nous possédions de plus précieux.

Pendant plusieurs jours, nous allions maintenant suivre la vallée du Hunza, une profonde coupure entre l'Indou Kouch et les chaînes du Karakoram. Le premier village que nous rencontrâmes sur le territoire des Indes, à trois mille trois cents mètres, Misgar, était entouré d'éboulis sombres où quelques paysans patients essayaient de cultiver de l'orge. Quelle surprise de constater que ce village était relié au reste du monde par télégraphe. Il fallait descendre plus bas dans la vallée pour trouver par-ci, par-là quelques véritables cultures ; s'étageant les uns au-dessus des autres en amphithéâtre, de nombreux petits champs vivaient de l'eau venue de glaciers lointains. Parfois, aux endroits où la rivière Hunza lèche la paroi de falaises prodigieuses, on se demandait comment on aurait la place de passer ; et, effectivement, sans les balcons légèrement accrochés aux parois de rochers, nous n'aurions plus du tout pu continuer notre route.

Baltit, le principal village de la vallée, est la résidence du prince : le « mir ». En même temps que nous y arrivait le résident britannique du Cachemire, qui visite cette vallée excentrique tous les quatre ans. Il était accompagné de l'agent politique de Guilguit et nous fûmes invités à nous joindre à eux.

A deux mille quatre cent quarante mètres, Baltit, cachée parmi les abricotiers et les mûriers, est dominée par le fier château blanc du mir. Dans l'obscurité de la nuit, mille feux allumés sur les montagnes nous indiquèrent les arêtes les plus saillantes : au sud le Rakaposhi, semblable à un fantôme sous son blanc manteau de glaciers, s'élève à sept mille huit cents mètres et fait à la vallée un cadre magnifique.

Nous assistâmes à des jeux de toutes sortes : danses du sabre et du bouclier, tir à l'arc en plein galop, polo tel qu'il se joue dans chaque village sur la terre battue d'un étroit terrain. On dit que le polo eut son origine dans ces vallées isolées, il y a bien des siècles ; on met à ce jeu une impétuosité inouïe, sans s'astreindre à des règles, me sembla-t-il, ni subir le contrôle d'un arbitre !

Le mir gouverne quinze mille sujets qui sont des Maulai, c'est-à-dire des disciples de l'Aga Khan, et lui envoient leur tribut d'or à Bombay tous les deux ans. Dans la secte islamique des Maulai ou Ismaéliens, l'alcool n'est pas interdit, aussi trouvâmes-nous de bons vins tous les soirs sur notre table.

Le mir était un vieil homme qui connaissait Bombay et Calcutta et qui, bien qu'illettré, avait la réputation de gouverner avec sagacité. Peu de temps auparavant, il avait été en guerre avec le mir de Nagar qui possède l'autre versant de la vallée et qui appartient à la secte plus austère des Chiites.

Après le dîner, notre mir nous offrit un spectacle privé de danses exécutées par quatre petits garçons vêtus de longues robes. Leurs mouvements étaient pleins de grâce, ils inclinaient le cou de côté suivant le style particulier aux danses turques et hindoues. Ils portaient de longues perruques noires faites, à ce qu'on nous dit, avec des cheveux de femmes de Kachgar. De leurs cadres, au-dessus de la cheminée, lord Curzon, lord Kitchener et le corpulent Aga Khan abaissaient leurs yeux impassibles sur cette danse rythmée.

A quelques kilomètres au sud de Baltit, nous rendîmes visite à un studieux ménage d'Anglais qui apprenaient la langue en usage dans cette vallée, le burushaski, qui est sans parenté avec aucun autre idiome connu. Est-ce un langage usité il y a des milliers d'années avant la diffusion du sanscrit dans les Indes ? Le burushaski est hérissé de difficultés considérables ; sa grammaire est absolument déconcertante ; tout ce que je me rappelle, c'est qu'il y a quatre genres, et vingt-huit formes de pluriel ! Les gens du Hunza et du Nagar ont la peau blanche ; ceux des classes inférieures sont plus foncés parce qu'ils sont croisés avec des Hindous, et ils ont quelque chose du type méditerranéen, avec leurs yeux vifs et leurs moustaches noires. Ils sont très pauvres parce que leur vallée ne peut pas produire assez de blé, et pendant six mois de l'année ils vivent d'abricots secs ; leurs vergers leur fournissent ces fruits en abondance et j'imagine volontiers que c'est à ces fruits dorés qu'ils doivent leur fière allure.

En trois jours, nous fûmes à Guilguit, un gros village non loin de l'Indus. Une petite communauté européenne y vit, coupée du reste du monde pendant les huit mois d'hiver où la route du Cachemire et de Srinagar est bloquée par les neiges. Maintenant qu'il y a un aérodrome, ces Européens se sentent moins isolés.

A Guilguit nous entendîmes dire pour la première fois que la guerre était imminente en Europe où les rumeurs qui circulaient étaient des plus alarmantes. L'Italie attaquait l'Abyssinie, l'Angleterre et la Société des Nations allaient punir l'Italie et le canal de Suez serait fermé.

Nous étions replongés brusquement dans les anxiétés du monde « civilisé » ; prenait fin brutalement l'absence de ces soucis dans laquelle nous avions vécu avec délices. Je renonçai à l'idée de continuer, par l'Afghanistan et l'Iran, le voyage en caravane de Pékin à la mer Noire. Je sentais que je devais rentrer à la maison ; plus tard, peut-être, je pourrais revenir. Avec de nouveaux poneys, nous partîmes pour Srinagar, ce qui représentait dix jours de trajet.

Nous laissions derrière nous la vallée calcinée de l'Indus au sud de laquelle s'élève le massif du Nanga-Parbat ; les passionnés de montagne ne pourraient souhaiter un spectacle plus grandiose : nous montions vers l'Himalaya proprement dit. Nous étions sur la piste suivie par l'expédition Citroën Centre-Asie, qui, des Indes, était allée jusqu'à Guilguit en auto-chenilles avant de commencer à voyager en caravanes. Comment elle y réussit, c'est encore un mystère pour moi, car des éboulements fréquents rendaient par endroits le chemin presque impraticable même pour nos chevaux.

Nous rencontrâmes une caravane de pèlerins de Kachgar qui revenait de La Mecque, un voyage de deux ans ! Les femmes cachées sous des voiles épais ressemblaient à de blancs fantômes.

Le col du Burzil, à quatre mille mètres, marquait la fin du monde de rochers que nous traversions depuis que nous avions quitté le Pamir chinois. Les pentes sud de l'Himalaya étaient arrosées par les pluies de la mousson : les flancs des montagnes étaient couverts de forêts de bouleaux et de sapins, d'arbustes, d'herbe drue et de fleurs ; c'était la région la plus riche que nous ayons vue de toute une année.

Mais j'étais triste : c'était la fin de la vie facile que j'avais menée si longtemps sous le grand ciel d'Asie. Des lettres de chez nous nous attendaient à Srinagar ; elles allaient orienter nos pensées dans des directions différentes. Réagissant contre mon accablement, j'entrepris une fois de plus la discussion du menu que nous commanderions pour célébrer notre arrivée à Srinagar. Nous avions déjà souvent traité ce sujet, quand nous avions faim pendant nos marches, et cela nous amusait toujours.

Mais nous avions trop parlé de ce repas et l'avions trop attendu : la réalité ne pouvait donner ce que nous en espérions. Dans la salle à manger du meilleur hôtel de Srinagar, nous essayâmes de nous amuser en véritables sauvages — pendant que des couples tirés à quatre épingles, raides dans leur tenue de soirée, manifestaient ouvertement la désapprobation que leur inspiraient nos chemises miteuses et nos figures boucanées qu'aucun chapeau n'avait jamais abritées ! Mais le caviar était éventé et la salade était assaisonnée avec une vinaigrette tout droit sortie d'une bouteille. Et dans ce cadre artificiel, où l'on eût dit que se déroulait une absurde comédie jouée en toilette d'apparat, le champagne tout à coup perdait pour nous toute sa saveur. Et cependant, nous vivions ce moment cent fois imaginé, dont nous avions parlé à l'avance en disant : « Si jamais nous arrivons à Srinagar, nous épaterons tellement les populations et nous prendrons une telle cuite que personne ne pourra l'oublier ! » Et il ne se passa rien de tel…

Nous ne pouvions plus vivre pleinement, intégralement dans le présent, comme nous en avions eu le privilège pendant si longtemps : nos pensées étaient déjà dans cette Europe où nous allions devoir, tous deux, chercher une activité. Maintenant que nous avions atteint notre but commun, plus rien ne nous unissait que nos souvenirs. Nous avions été deux bons compagnons et notre association prenait fin. Longtemps nous nous étions tenus prêts, si quelque danger surgissait sur notre route, à mourir ensemble ; et maintenant nos vies allaient diverger. Peter fut le premier à quitter les Indes. N'ayant pas à chasser le coq de bruyères, je pouvais rester une semaine de plus pour visiter le Tāj Mahal. Ensuite, moi aussi, je volerais vers mon pays, via Bagdad, Beyrouth et Marseille.

Quand pendant des mois de suite on a voyagé

d'une manière pratiquée il y a déjà des milliers d'années, à dos de chameau, et à l'allure moyenne de vingt kilomètres par jour, c'est un contraste saisissant d'en faire deux mille d'une traite ! Ce vol miraculeux me donna des haut-le-cœur, mais activa mes pensées : je n'étais plus la même personne qu'à mon départ. Je n'étais plus uniquement Suissesse ou Européenne ; je me sentais liée au monde dans son ensemble et j'avais l'impression que je ne serais plus jamais tout à fait chez moi à Genève.

A Paris, où j'avais l'allure de quelqu'un tombé d'une autre planète, mes mouvements étaient ralentis et la traversée des rues me faisait peur ; les passants me regardaient avec curiosité comme si j'étais un animal sauvage. Il me fallut une semaine pour réapprendre à parler comme les autres gens, à toute vitesse, sur une foule de sujets dont j'ignorais le premier mot. Mais cette fois-ci, je n'étais pas entièrement dupe, je sentais que tout ce bruit ne servait qu'à masquer une réalité d'une tout autre importance.

CHAPITRE XIII

Vers Kaboul

Rentrer à la maison, c'était pour moi retrouver de vieilles habitudes : un lit qui semble être le meilleur des lits ; sur leurs étagères, des livres dont chacun est un ami ; des albums de photographies où je pouvais grouper tous les souvenirs qui m'avaient paru dignes d'être fixés. C'était renouer avec mon club de hockey : entraînement, relations, améliorations et matches à l'étranger.

Et, bien sûr, c'était la famille : comme il était bon, au retour, d'être accueillie par la chaude affection de ses proches, de se sentir des leurs ! Nos parents sont, à bien des égards, nos meilleurs amis, toujours prêts à nous soutenir en cas de besoin. Mais les miens me laissaient clairement lire leur pensée et toute leur attitude signifiait : « Eh bien ! qu'en est-il ? A quoi bon tous ces voyages ? N'est-ce pas un peu excentrique, ce genre que tu as de ne pas pouvoir rester en place plus de six mois ? » Oui, en famille, le masque tombe ; nous paraissons ce que nous sommes. C'est alors que ma paresse, conséquence de ma profonde incapacité à être satisfaite, reprenait toujours le dessus.

Quant à mon père, la situation économique en Europe et celle de ses affaires pesaient de plus en plus sur lui — sans parler des mauvaises nouvelles politiques de l'Italie et de l'Allemagne, nos voisines. Mon frère, qui travaillait toute la journée avec mon père, était forcément influencé et l'atmosphère des soirées à la maison était loin d'être gaie. De ma part, une aide morale aurait pu être efficace, si elle était venue du cœur ; mais j'étais égoïste, obsédée par moi-même, dans l'impossibilité de voir où me conduisait la vie, ce que j'allais devenir.

Bien entendu, j'étais certaine que désormais personne ne s'immiscerait dans mes projets et je découvris aussi que mon père me vouait une considération quasi enfantine, depuis qu'un éditeur avait publié mon livre. Qu'il fût mal écrit et mal composé, peu lui importait, il avait été édité ; à Paris, des écrivains voulaient me voir ; un hebdomadaire illustré m'avait demandé deux longs articles : il était fier de sa fille et oubliait le temps où mes croisières et mes expéditions lui paraissaient un peu trop étrangères aux usages reçus...

Quand j'étais à Genève, j'y voyais toujours mon ancienne compagne de classe. Elle était mariée et avait des enfants. Mais elle essayait de concilier ce qui l'avait intéressée autrefois avec ses devoirs de maîtresse de maison. Néanmoins, elle se sentait désespérément esclave de la routine quotidienne, qui n'était éclairée que par de rares échappées lumineuses. Elle m'enviait d'avoir une vie variée, aux larges horizons ; de connaître des gens remarquables ; d'avoir eu l'occasion de m'enrichir l'esprit par tout ce que j'avais vu de beau... et d'avoir publié un livre. Moi aussi, je l'enviais ; ce doit être merveilleux d'avoir des revenus réguliers au lieu de ne jamais savoir d'où sortira l'argent ! de construire son foyer, d'avoir trouvé pour la vie un ami, d'élever des bébés qui ouvrent sur le monde des yeux émerveillés, d'avoir à la campagne un jardin plein d'arbres fruitiers ! Quant à moi, j'avais une vie passionnante, oui, mais je m'avançais vers une vieillesse solitaire, destinée à finir mes jours de vieille fille dans quelque pension de famille, sans petits-enfants à prendre sur mes genoux pour leur raconter mes histoires. Et alors nous nous mettions à rire en voyant le changement radical que subissent les mêmes faits lorsqu'on les considère sous un angle différent.

Ma vie suivant son cours, je faisais du ski avec passion en hiver et quelque voyage à la belle saison afin d'avoir l'impression que l'année n'avait pas été perdue.

Je passai quelques mois au Liban avec Miette, pendant lesquels j'écrivis *Oasis interdites*, et, bien que ce fût toujours un effort épuisant, j'avais cette fois le grand encouragement d'être aidée. On croit que c'est amusant d'écrire un livre ; je ne suis pas du tout de cet avis, on se rend trop bien compte que l'on n'arrive pas à exprimer les choses les plus importantes et qui demeurent insaisissables. Je fis aussi le trajet de Turquie aux Indes, à travers l'Iran et l'Afghanistan, en camion et en autobus, recueillant, chemin faisant, des notes pour un reportage sur les progrès réalisés par ces pays.

Chaque automne, je trouvais quelque chose de nouveau à faire pour regarnir ma bourse : par exemple, des tournées de conférences en Angleterre. Leurs organisateurs, les éditeurs et les libraires essayaient de convaincre le public que j'étais une exploratrice renommée. J'essayai d'entrer dans leur jeu, mais c'était impossible : je savais bien que je n'avais rien exploré. Je n'avais aucune aventure sensationnelle à raconter et je ne connaissais que superficiellement les pays que j'avais traversés. Mais je trouvais intéressant qu'il se rencontre tant de gens dans tant de villes diverses, désireux de savoir si l'Asie en savait plus que nous sur le sens de la vie.

Je m'étais fait des amis dans de nombreux pays. Les gens se montraient très désireux de me voir et quand je dînais seule, d'un croissant trempé dans un café crème, comme jadis, c'est que je l'avais bien voulu. Tout de même, en appréciant toute la bienveillance qu'on me témoignait, je ne pouvais m'empêcher de sourire, en me remémorant la jeune Ella de vingt ans qui souffrait cruellement de son isolement dans les capitales étrangères et qui aurait eu alors tant de reconnaissance pour un peu d'aide et de sympathie.

Mais quoi que je fisse alors, mon cœur ne s'y attachait pas réellement. Depuis mon retour de Chine en 1935, de sombres nuages s'amassaient sur l'Europe centrale. On sentait toujours une part de soi-même sur le qui-vive, s'attendant à un coup de tonnerre. Pour la première fois, pendant l'été de 1938, je renonçai à organiser une expédition. La tempête semblait imminente et je pensais qu'il me fallait rester auprès de ma mère pendant la catastrophe, maintenant que mon père n'était plus.

Mais les choses en restèrent, provisoirement, au pacte de Munich ; et je repris ma ligne de conduite personnelle, sans tenir compte des événements mondiaux. Mon ancien désir de vivre parmi quelques heureux enfants de la nature, Tahitiens, nomades ou Tibétains, me tenait toujours mais, tout en poursuivant sa réalisation, j'étais de moins en moins absorbée par cette recherche et par les nouveautés qu'elle me faisait pressentir. Bien que je n'en eusse pas une conscience très claire, quelque chose me disait que ma façon d'envisager la vie était loin d'être parfaite. A l'écart de l'énervante atmosphère d'une Europe entre deux guerres, je décidai d'entreprendre l'analyse de moi-même et de la civilisation insensée à laquelle j'appartenais afin d'en trouver le défaut ; et pour cela je voulus aller vivre le temps nécessaire dans une communauté primitive.

Cette idée prit une forme concrète le jour où mon amie zurichoise Christina me dit que son père allait lui remplacer sa vieille automobile allemande, constamment en panne, par une nouvelle Ford. Avec un bon moteur, ce serait une joie de rouler vers l'orient, de camper sous la tente en s'arrêtant où bon nous semblerait, tout en traversant les Balkans et la Turquie jusqu'en Perse et en Afghanistan.

Sur le versant occidental du Pamir, je voulais gagner une vallée non encore influencée par notre civilisation. Et là, je désirais établir une relation en profondeur entre mon agitation d'Européenne désaxée et la stabilité d'une tribu asiatique traditionnelle. En marge de ma tentative de mise au point, j'étais décidée à entreprendre une étude ethnographique du village où je comptais me fixer pour un an. Ce travail une fois achevé, j'avais une chance d'être admise dans la confrérie des ethnologues. Et lorsque j'appartiendrais à une organisation, tout irait mieux ; ce serait enfin mon métier de voyager — au lieu de vivoter au jour le jour du produit de mes livres si péniblement rédigés.

Mais il y avait une ombre au tableau : ma compatriote était très faible après avoir subi une cure épuisante. A la suite d'un choc affectif qui avait ébranlé sa vie dans ses fondements, elle avait cédé à la tentation d'une intoxication aux effets désastreux. A deux reprises déjà elle s'était crue guérie ; cette fois-ci elle voulait quitter son cadre de vie néfaste. Et l'intérêt d'un voyage plein d'imprévus devait l'aider à oublier son infernale obsession.

Non seulement Christina avait passé une thèse de doctorat en histoire, mais elle était encore un écrivain de grand talent. C'était un être noble, au charme prenant. Jusqu'à présent sa forte personnalité si malheureusement divisée était toujours parvenue à imposer sa volonté aux amis qui cherchaient à provoquer et guider son retour à la vie normale. Mais, sûre de ne pas tomber sous son emprise, je me sentais capable de réussir là où d'autres avaient échoué. Sa volonté de guérir était bien ancrée car elle voulait redevenir capable d'écrire ; et la clarté avec laquelle elle exposait les faiblesses de son caractère prouvait que son diagnostic était aussi aigu que sain.

A peine âgée de trente ans, elle connaissait

l'Amérique et l'Asie ; elle avait vécu en Perse au début d'un mariage malheureux. Non seulement nous aimions toutes les deux le voyage, mais chacune de notre côté nous avions atteint une même conclusion : le chaos qui nous entoure dépendait du chaos qui est en nous. Et ce n'est qu'en l'ordonnant que l'on pouvait parvenir à savoir pourquoi l'on veut vivre. Nous voulions donc apprendre à nous connaître nous-mêmes, tout en étudiant le monde et les populations qui serviraient de thèmes à nos articles de journaux.

Nous quittons Genève au début de juin 1939, après avoir préparé la Ford pour l'itinéraire qui l'attend : les suspensions sont renforcées, des réserves d'eau et d'essence peuvent être emportées, tandis qu'une pelle et deux gouttières sont destinées à nous sortir des sables ou de la boue qui envahiraient la piste. La plus grosse dépense est représentée par notre provision de films vierges négatifs ordinaires et kodakchromes 16 mm pour le cinéma.

Notre premier camp a lieu au sud du col du Simplon : et c'est toujours une joie exquise de sortir de la tente pour saluer le soleil levant dans le silence du petit matin. Quant au café préparé sur le Primus, il semble avoir une saveur incomparable.

Deux jours plus tard, en bordure des grands champs de Yougoslavie, nous sommes au contraire réveillées à l'aube par des faneurs qui chantent, débordants de jeunesse et de joie.

Le lendemain nous plantons la tente sur la berge du Danube dont les puissants flots gris emmènent des trains de chalands. Je sens que ma compagne est inquiète, et je ne peux plus comme par le passé être entièrement captivée par ce que je vois, car mes pensées se concentrent sur elle.

La terre et les paysages deviennent vastes et grandioses dès qu'on gagne le sud de la Yougoslavie. Puis, lorsque les mosquées blanches d'Andrinople surgissent à l'horizon, c'est une vision des Mille et Une Nuits.

A Constantinople, après nous être renseignées sur l'état des routes en Anatolie, nous décidons de faire charger la Ford sur un cargo qui va nous mener en trois jours jusqu'au bout de la mer Noire, à Trébizonde : ce sera le moyen le moins fatigant de nous rapprocher de la frontière persane. Les informations concernant cette région éloignée sont contradictoires ; un ingénieur turc nous dit même que nous serons refoulées, les étrangers n'ayant pas la permission de traverser l'Arménie turque. Nous décidons d'aller voir sur place ce qu'il en est.

Nous ne nous attardons pas à visiter la capitale byzantine à l'abri de ses remparts grandioses car Christina s'est engagée à rejoindre au plus vite les archéologues français qui travaillent en

Afghanistan, afin de les aider au cours de leurs fouilles d'été. Ce travail sera moins fatigant pour elle que de m'accompagner dans les vallées inconnues du Kafiristan.

A Trébizonde, charmante petite ville étagée au bord de la mer bleue, nous obtenons un permis pour traverser la zone militaire d'Erzeroum. Et nous sommes très heureuses de rouler enfin vers les hauts plateaux asiatiques en suivant une vallée encaissée où une route automobile vient d'être achevée avec l'aide d'ingénieurs suisses.

A vrai dire, nous faisions un effort pour être heureuses : car, lors de notre courte halte à Sofia, Christina avait cédé à la tentation. Rechute. La chose était grave ; et mon amie venait d'en souffrir moralement encore plus que physiquement. Je m'étais aussi rendu compte combien j'étais peu qualifiée pour lui venir en aide. Plusieurs jours s'étaient écoulés avant qu'une confiance réciproque ait pu renaître entre nous. Et je continuais à me demander si l'on peut vraiment secourir les grandes souffrances d'autrui... Peut-être pouvais-je la soustraire à l'ambiance négative qui l'avait jusqu'alors entourée ? Et d'ailleurs, pour pouvoir essayer de l'aider il fallait avant tout que je trouve l'équilibre et devienne maîtresse de moi-même.

En douze heures, nous parcourons les trois cent cinquante kilomètres qui mènent à Erzeroum, alors qu'il faut dix jours aux caravanes pour faire le même trajet ; et nous observons avec intérêt ces lieux qui encadraient l'extrémité occidentale de la route de la Soie connue pour avoir relié la Chine à Rome au début de notre ère.

A deux mille mètres d'altitude et non loin de la ville d'Erzeroum, le plateau anatolien donne naissance au fleuve Euphrate qui traverse tout le Proche-Orient avant de gagner le golfe Persique. Mais dans ce pays où il y a peu d'arbres même en été, la région semble désolée. Nous passons au pied de l'Ararat, volcan mort et coiffé de neige toute l'année durant, qui culmine à cinq mille cent soixante mètres d'altitude.

C'est tout près de là que nous franchissons la frontière persane et constatons dans les livres de la douane que peu de voitures privées passent par ici. Lorsqu'il nous faut à tout prix converser, nous finissons toujours par trouver dans les environs quelqu'un qui sait un peu de français ou d'allemand.

Par bonheur nous passons notre première nuit persane dans une petite auberge, car une violente tempête s'abat sur la région et un torrent de boue dévaste plusieurs étables et maisons du village.

A mesure que nous nous rapprochons de Tabriz, grande ville commerciale de l'Azerbaïdjan, la région devient de plus en plus fertile.

(J'avais déjà fait ce voyage en sens inverse deux ans auparavant en empruntant des camions et des autocars. Pour moi le charme de ce second voyage consistait à n'être plus astreinte aux haltes régulières avec campement dans les garages-caravansérails surpeuplés.)

Au cours d'une nuit passée près d'un poste de gendarmerie isolé, je me brûle la main droite avec notre réchaud à essence. Et, à cause de cette blessure, quelques jours plus tard, en arrivant à Téhéran, nous aurons le courage d'aller directement à la légation de Grande-Bretagne demander l'hospitalité au médecin anglais. Je me souviendrai longtemps de l'acide tannique si pénible à supporter qui fut vaporisé sur une plaie vive pour la faire sécher !

Nous fûmes malheureusement bloquées à Téhéran, la route de l'Afghanistan étant fermée pour cause de choléra. Et pendant ce temps Christina souffrait, se remémorant son passé dans la capitale de la Perse. Elle avait cru alors résoudre certains de ses problèmes psychologiques en se mariant avec un Français, mais au contraire elle n'avait réussi qu'à augmenter ses difficultés. Quelques détails concernant le tourment moral dans lequel vivait Christina me firent comprendre que la faim ou la pauvreté peuvent être moins terribles que certaines angoisses de l'esprit.

Pendant ce temps nous rencontrions le plus de monde possible, confrontant nos informations avant de composer les articles qu'on nous avait demandés. Commercialement, l'Allemagne avait pris une place prépondérante — comme d'ailleurs partout en Orient — et chaque jour l'importance de ce pays allait en augmentant. L'autocratisme absolu de Rezā Chāh Pahlavi continuait à moderniser le pays, à faire construire des fabriques et des voies de chemin de fer.

Nous quittons Téhéran le jour même où nous parvient notre visa de sortie et nous nous dirigeons vers la grande ville de Meched, quelque cinq cents kilomètres plus à l'est. Mais nous faisons un détour par le nord en traversant la chaîne de l'Elbrouz, la route du col de Fīrūz-Kuh nous permettant de plonger d'un coup de deux mille mètres d'altitude jusqu'au climat tropical et étouffant des bords de la Caspienne où nous nageons dans une eau tiède de couleur vert pâle.

Nous avons traversé la forêt vierge pleine de cigales stridulentes, des rizières, des champs de coton et de tabac, tout en longeant la voie ferrée du Transiranien après avoir admiré quelques-uns des quatre-vingt-cinq tunnels qui lui permettent de descendre vers la vallée de Fīrūz-Kuh.

Au bord de la mer, le village de Bābol Sar est doté d'un hôtel de grand luxe, situé non loin d'une fabrique où l'on met le caviar en boîte, les esturgeons de la Caspienne étant meilleurs que ceux de la Volga, paraît-il.

Nous passons la nuit dans une des filatures de la ville de Chāhī et notre hôte, le directeur suisse, nous parle des difficultés que lui donne une main-d'œuvre souvent minée par la malaria ou l'opium.

Nous avons quitté le haut plateau iranien où l'air est sain, afin de voir dans la steppe immense, à l'est de la Caspienne, l'inoubliable tombeau du roi Kabous construit en l'an 999. De loin c'est une immense tour ronde au toit conique, construite en brique, offrant à la lumière d'épaisses arêtes longitudinales qui créent une impression de force ascendante.

Un cercueil de cristal contenant la dépouille du roi était jadis suspendu au sommet de la tour — ce qui aurait dû théoriquement le mettre hors d'atteinte des malfaiteurs. Accroupi à côté du tombeau, un chameau solitaire rumine tristement, le regard perdu vers le nord où la frontière russe est très proche.

Le lendemain nous lançons l'auto à l'assaut du col de Gurgan et rejoignons la grand-route de Meched où les camions et les autocars de pèlerins soulèvent des nuages de poussière tout au long de cette région monotone et presque désertique.

La grande ville de Meched abrite la mosquée

et le tombeau à coupole d'or de l'imam Rezā, mort en 819, empoisonné, croit-on. Et là, dans des cours aux murs magnifiquement décorés de carreaux d'émail aux couleurs douces, chaque jour la foule fanatique des pèlerins vient psalmodier des prières et baiser le sépulcre sombre à l'abri de son dais de satin.

Quelques années auparavant, le clergé musulman avait voulu s'opposer au modernisme du chah qui, entre autres choses, avait permis l'accès des lieux saints aux non-musulmans. La troupe avait joué de la mitrailleuse dans la foule des rebelles — et le clergé avait dû s'incliner ! Grâce à quoi, nous pouvons filmer, quoique à la dérobée, et nous promener dans les cours aux grands porches doublés de cuivre doré.

Deux jours plus tard nous atteignons enfin l'Afghanistan et gagnons la ville d'Herāt où s'élèvent des tombeaux et des mosquées datant du XVe siècle, époque où les descendants de Tamerlan avaient préféré Herāt à Samarkand comme capitale de l'Asie centrale.

Jusqu'ici le chemin que nous avions parcouru m'était connu. Et c'était en partie à cause de cela que j'avais eu de la peine à me passionner pour notre voyage car je pensais constamment à la vie tourmentée de ma compagne.

Deux ans auparavant j'avais suivi la route du Sud qui gagne Kaboul en passant par Kandahar.

Cette fois-ci, malgré l'état des routes, Christina voulait que nous passions par le Nord où se trouve le Turkestan afghan dont la capitale est Mazār-i-Charīf.

Un pont ayant été emporté par la rivière Murghab, cette piste septentrionale avait été hors d'usage pendant plusieurs mois. Et c'est nous qui allions inaugurer la nouvelle route en compagnie du gouverneur de la province, coiffé de la toque d'astrakan mais portant veston européen et pantalon de golf. Il avait appris notre langue au collège français de Kaboul, et nous passâmes deux jours dans sa résidence de Bala Murghab.

Nous étions en juillet ; au milieu de la journée, lorsque la chaleur était accablante, on se retirait dans une chambre souterraine à peine éclairée par un soupirail et rafraîchie par un bassin d'eau courante creusé à même le sol.

C'est au Turkestan afghan que se trouvent les troupeaux de moutons caraculs, dont la fourrure, exportée en Amérique, représente le principal revenu du pays.

Contrairement aux Persans, les Afghans portent encore leur costume traditionnel avec l'ample pantalon bouffant et la longue tunique blanche sous le caftan de couleur. Un jour de marché offre un magnifique tableau de foule chatoyante exclusivement masculine. En effet, la femme afghane ne quitte pas sa maison et si on vient à la croiser dans un champ, elle se cache en tournant le dos. Nous ne verrons de visages féminins que lorsque nous serons invitées dans une famille ; ou encore, quelques jours plus tard, lorsque nous irons rejoindre au milieu de la journée une tribu de nomades à l'ombre de leurs grandes tentes de laine noire. Moutons et chameaux seront près de nous, immobiles, et comme nous fatigués par la lumière trop violente et la chaleur qui rend l'air presque irrespirable.

Les rares villages de cette région désertique ne vivent que grâce aux canaux d'irrigation alimentés par les rivières qui descendent les pentes nord de l'Hindou Kouch, grande chaîne de montagnes qui est le prolongement occidental de l'Himalaya et partage l'Afghanistan en deux.

Pour qui connaît le Turkestan soviétique tout proche et ses grandes villes peuplées de Russes débordant d'activité, le Turkestan afghan semble très calme, endormi même, malgré les nouvelles routes facilitant les transports de population et de marchandises.

Avant d'arriver à Mazār-i-Charīf nous nous arrêtons sur les tertres mornes, seuls vestiges de Bactres, ancienne capitale des rois grecs d'Asie centrale, successeurs d'Alexandre le Grand parvenu jusqu'aux Indes trois siècles avant notre ère.

De la plaine basse du Turkestan, la grand-route nord-sud va nous mener à trois mille mètres d'altitude au col de Shibar, au centre de l'Hindou Kouch. En cours de route, nous découvrons avec étonnement deux grandes fabriques — textile et raffinerie de sucre — construites par des Allemands sur la rivière Koundouz, dont l'énergie hydro-électrique vient d'être captée.

Plus loin, à mesure que nous nous élevons en suivant les gorges sauvages de la même rivière, nous retrouvons un climat agréable. Christina étant très fatiguée, nous décidons de camper pendant huit jours à deux mille cinq cents mètres d'altitude dans la paisible vallée de Bāmyān où le blé est mûr et où les champs de luzerne font un damier de couleur au pied de falaises roses : celles-ci sont célèbres par deux grands bouddhas de trente-cinq et cinquante-cinq mètres de hauteur, sculptés au début de notre ère par les moines qui vivaient alors en grand nombre dans les monastères de la vallée.

Très sensible à la beauté de ces lieux peu fréquentés et limités au nord par des chaînes neigeuses, Christina est enthousiasmée par le chapelet de lacs d'un bleu éclatant que nous atteignons quatre-vingt-dix kilomètres plus à l'ouest, après avoir suivi d'atroces pistes de caravanes. C'est le Band-i-Amir, le barrage du roi, dans une région dépourvue d'arbres où la terre a de magnifiques teintes mauves et roses. Nous campons dans un petit sanctuaire au bord d'un lac, suspendu à quelque trente mètres au-dessus du sol de la vallée : au cours de siècles innombrables, des dépôts calcaires ont construit un barrage vertical de belle forme ovale qui semble maintenir ses eaux pures entre ciel et terre.

Christina a pris froid au cours des nuits qui sont glaciales, elle a la grippe et nous partons au plus vite pour Kaboul.

Sur le versant sud du Shibar, la vallée du Ghorband est fertile, les villages riants et peuplés d'Afghans sédentaires. Nous commençons à voir quelques *kaleh* — fermes-forteresses qui rappellent les incessantes guerres de vendettas qui jusqu'en 1930 opposèrent périodiquement les tribus afghanes les unes aux autres.

Voici la plate et fertile vallée du Kohistan, au nord de Kaboul, avec la bourgade de Charikar. Et tout près de là sur la fouille de Begram, nous rejoignons enfin nos amis archéologues dirigés par Joseph Hackin. Mais en touchant au but de notre voyage, la maladie de Christina nous rend soucieuses.

Christina est invitée à la légation de France, tandis que pour ma part je loge en ville chez des amis parisiens. Bien que je rende visite chaque jour à Christina, je ne suis pas assez perspicace pour la défendre contre elle-même. Déprimée par sa bronchite, elle va céder encore une fois à son démon et trouver en ville de quoi plonger à nouveau dans l'enfer qu'elle ne connaissait que trop, torturée à l'extrême par sa propre faiblesse et par sa trahison à la parole donnée.

Au bout d'un mois elle aura enfin le courage de me confier sa peine immense, et pendant plusieurs semaines j'essaie de lui venir en aide par tous les moyens que suggèrent l'amitié ou la science des médecins. Mais une fois de plus c'est elle-même qui choisira la cure la plus brutale car elle veut retrouver la santé. Malgré sa faiblesse, elle décide de quitter la ville pour rejoindre nos amis archéologues qui vivent loin de tout, au Turkestan afghan. L'heure est grave [1]. Nous sommes dans la tristesse, la guerre a été déclarée en Europe et nous nous quittons en pensant nous revoir aux Indes dans trois mois.

J'affirme à Christina qu'elle a gardé toute mon estime et qu'elle peut compter sur mon amitié car, de même que les médecins, je suis en admiration devant son cran et sa décision héroïque.

En janvier 1940 ma compagne me rejoindra à Indore et nous passerons quelques jours ensemble chez des amis anglais. Elle réapprend à vivre normalement ; elle veut avoir confiance en l'avenir mais elle décide de ne pas m'accompa-

1. 1er septembre 1939.

gner dans l'Inde du Sud car elle pense que ses problèmes et sa maladie ont pour l'instant suffisamment pesé sur ma vie. Et surtout, elle se sent incapable de me suivre dans les calmes études que je songe à commencer. Il lui faut plonger dans l'action incessante et reprendre son travail de journaliste.

En vain j'essaie de la dissuader, lui prouvant qu'il faut être solide pour ne pas être déprimée par un journalisme de guerre. Hélas ! je suis trop pauvre de cœur, je ne trouve pas les mots ou l'attitude capables de la convaincre.

Après un voyage à New York et un long séjour au Congo belge, mon amie rentrera en Suisse deux ans plus tard. Un matin, en compagnie de deux amis, un instant d'inconscience provoquera une chute de bicyclette ; frappée à la tempe elle subira une commotion cérébrale. Elle ne s'en remettra pas et finira par mourir d'une pneumonie.

Cet être doué de qualités rares, qui charmait tous ceux qui l'approchaient, eut une vie tragique. Bien que dans ses dernières lettres elle m'eût dit qu'elle comprenait enfin mes explications de deux ans auparavant, il est clair que ne pas parvenir à la sauver d'elle-même avait été un échec. Et je commençais à voir que tout au contraire c'était elle qui m'avait aidée dans une évolution qui devait me permettre d'assimiler l'enseignement de l'Inde.

Dans ma vie de sport et de voyages toute tournée vers l'extérieur, je n'avais jamais mis en doute la réalité absolue du monde concret. Mais pendant des mois, alors que je vivais à son côté, les plus belles mosquées ou les plus fascinantes scènes de la vie nomade chez les Afghans n'étaient tout à coup plus dotées que d'une réalité de second plan, incapables de me distraire du tourment que me causait l'obsession de mon amie. La vie intérieure colore et conditionne la vie extérieure ; elle est plus proche de nous et d'une réalité plus essentielle.

C'est pourquoi, malgré sa difficulté, le conseil « Connais-toi toi-même » est impérieux pour ceux qui se vouent à la recherche de la réalité, puisque notre vision du monde extérieur dépend de tout ce qui — en nous-mêmes — est capable de voir. Si je ne sais pas que mes lunettes sont vertes, comment pourrais-je imaginer que la route est plus verte pour moi que pour les autres ?

CHAPITRE XIV

L'Inde méridionale

L'enseignement que donnent les livres ne me convenant pas, je voulais vivre longtemps auprès d'un sage dont le comportement pourrait me faire saisir ce que mon manque de préparation intellectuelle me rendait incompréhensible.

Par deux amis français connaissant les Indes, l'un physicien, l'autre travaillant à la Société des Nations, j'appris le nom de deux maîtres en sagesse qui semblaient ne pas être des charlatans.

Le monde était en guerre, c'est vrai ; mais par ma nationalité autant que par mon manque de qualification, il semblait possible que je ne fusse pas forcément entraînée dans ce grand tourbillon. Certes il était important de gagner la guerre et de rester libre. La même chose s'était déjà produite en 1918. Mais la plupart d'entre nous, qui en étions sortis sains et saufs, n'avions pas su quoi faire de nos vies lorsque enfin nous en étions redevenus les maîtres.

L'intense soif de connaître qu'éprouvent beaucoup d'entre nous jaillit du plus profond de nous-même : il faut que nous comprenions le sens de la vie car nous ne sommes pas destinés à rester dans l'ignorance. Nous sommes en face de trois énigmes : le monde, nous-même et Dieu. Par son adorable beauté et ses merveilles, le monde nous attire bien avant que nous n'en venions à sentir qu'il a un sens caché. Nous nous mettons à l'étudier, nous partons à sa conquête, cherchant quelle satisfaction il peut donner à nos désirs les plus profonds.

Mais sous aucun de ses multiples aspects le monde ne peut donner de réponse fondamentale. Elle ne peut venir que de Dieu, et Dieu ne peut être nulle part ailleurs qu'en nous-même. Cette vérité, il faut que chacun en fasse la découverte personnelle. C'est dans l'être spirituel, caché au-dedans de nous, qu'est la source vive de nos plus profondes aspirations ; elles ne seront satisfaites que si cet être spirituel est libéré. Chez beaucoup d'entre nous, il est impuissant, comme paralysé parce qu'il a été négligé ; et le pouvoir de lui rendre la vie gît dans notre cœur et non pas dans le cerveau. Ce n'est pas parce qu'on me l'a enseigné que je dis cela, mais parce que j'en ai éprouvé la vérité. C'est à mes yeux le fait le plus important qui ressort de tout ce que j'ai vu et compris ; c'est la somme de mes découvertes. Aujourd'hui je me sens comblée et tout en vivant solitaire, plus jamais je ne pourrai souffrir d'isolement.

Aux Indes, j'étais au début d'un voyage tout nouveau qui devait me conduire plus avant vers la vie complète et harmonieuse que je cherchais instinctivement. Pour entreprendre ce voyage, il me fallait apprendre d'abord à connaître les « terres inconnues » de mon propre esprit.

J'eus la chance de pouvoir gagner quelques centaines de roupies en montrant mon film afghan à Bombay ; j'avais acquis dix-huit mois de répit pour le cas où je parviendrais à vivre comme une Hindoue dans le sud de ce grand pays. Cela devait me suffire pour décider si la sagesse hindoue me convenait.

Je fis plusieurs courts séjours à Pondichéry où je vis deux fois le maître Aurobindo, mais pendant une courte minute seulement et parmi plusieurs centaines de disciples. Le reste du temps ce maître vivait retiré dans sa chambre au premier étage d'une grande maison grise entourant une cour fleurie. Ce n'était pas ce que je cherchais ; et sa méthode me paraissait trop difficile.

Par contre j'eus le désir de prolonger ma visite auprès du sage Rāmana Mahārishi. Il vivait en public, si l'on peut dire. N'importe qui pouvait s'approcher de lui, lui poser des questions et jouir de sa présence bienfaisante d'où rayonnaient la bonté, la distinction et la paix immuable.

Et là, chacun de nous était libre de faire ce qu'il voulait, car à l'exception des repas, il n'y avait pas de règle de vie en commun. Je pris l'habitude de passer deux heures chaque matin et chaque après-midi dans le hall où un vingtaine de personnes des deux sexes étaient assises à même le sol, jambes croisées, méditant en silence.

Je lisais les petites brochures où étaient rassemblées les principales réponses faites par le sage au cours d'une trentaine d'années. Sa fonction était de renseigner les chercheurs sur la nature de la réalité ultime. Et j'essayais de voir si ces réponses correspondaient à quelque chose que j'éprouvais en moi-même.

J'étais constamment distraite par le spectacle si nouveau offert par mon entourage. A part les serviteurs (s'occupant du jardin, du réfectoire, de la cuisine, de l'étable) et les habitués de l'ashram (une vingtaine de disciples hindous et quatre ou cinq Européens), il y avait sans cesse de pauvres paysans et paysannes tamouls accompagnés de leurs enfants qui venaient se prosterner devant le Mahārishi reposant sur son divan — les hommes presque nus s'aplatissant de tout leur long sur les dalles, les femmes s'agenouillant, drapées dans leur sari, tête touchant terre ; ils offraient soit quelques fruits au maître, soit des sucreries dont un serviteur leur rendait une partie que l'offrande avait consacrée.

Lisant son courrier ou les journaux, corrigeant des épreuves, s'éventant ou encore se recueillant, le Mahārishi regardait parfois vers nous ou souriait aux enfants étonnés qui restaient figés devant lui. Il donnait souvent des noix à de vifs écureuils perchés à la tête de son divan ; à moins que ce ne fût sa vache préférée qui vînt quémander une banane.

Soir et matin un groupe de brahmanes chantait des textes sacrés. A heure fixe le sage faisait une petite promenade dans les environs et c'est alors qu'on pouvait lui parler en privé. A onze heures nous mangions tous, en sa présence, le riz au curry servi sur des feuilles de bananier posées à même le sol de carreaux rouges. Seule la main droite servait à porter les aliments à la bouche.

Observant les règles de leur caste, les brahmanes mangeaient à l'abri d'un paravent. Le Mahārishi était assis de façon à voir tout le monde ; il était né brahmane, mais en tant que sage « libéré vivant » comme on dit aux Indes, il était au-delà des observances de castes.

L'ashram était à un quart d'heure de la petite ville de Tiruvannāmalai où j'avais loué une minuscule chambre à raison de cinq roupies par mois. Le soir venu, je déroulais mon sac de couchage sur la terrasse, car la chambre était surchauffée par le soleil de la journée

J'étais tout près du grand temple dédié à Shiva, construit dans ce style dravidien qui est particulier au sud de l'Inde. Il y avait trois enceintes carrées, comprises l'une dans l'autre, et au milieu de chaque muraille s'élevait un *gopuram*, immense pyramide tronquée, recouverte de sculptures représentant le panthéon hindouiste.

L'élément le plus important de mon paysage, c'était la colline sacrée d'Arunachala, amoncellement de blocs de granit dont les pentes abruptes venaient mourir à quelque cinquante mètres de chez moi. Cette colline était vénérée en tant que symbole du dieu Shiva, considéré sous son aspect de feu divin, pouvant soit détruire soit concéder l'illumination suprême. Le sommet de la colline s'élevait à quelque cinq cents mètres au-dessus de la ville ; la vue et la brise dont on y jouissait vous récompensaient d'une ascension rendue épuisante par la chaleur et le climat.

C'était à cause du nom fameux de cette montagne que le Mahārishi âgé de dix-sept ans avait quitté la ville de Madura pour venir à Tiruvannāmalai.

Alors qu'il était un bon écolier, particulièrement adroit dans les sports, il en était venu un beau jour à se demander non seulement quelle était l'utilité de ses études mais surtout ce qu'était la mort. Après s'être couché par terre, et grâce à l'extraordinaire concentration propre aux Hindous, avec force il avait pensé la mort de son corps ainsi que la mort de son activité mentale. Il était entré alors dans un état indicible – l'Être illimité où la mort n'existe pas. Par la suite, il avait essayé de raisonner cette révélation en disant que le « je » pur et immuable avait enfin pu rayonner dans la gloire éblouissante.

Dès lors il cessa de s'identifier à ses pensées ou à son corps qu'il désigna pendant quelque temps par le mot « cette chose ». Et sur-le-champ il quitta Madura pour la colline sacrée d'Arunachala. Là, sans le vouloir et pendant de nombreux mois, il vécut totalement « absorbé » par son être illimité tandis que de braves gens venaient le nourrir de force.

Plus tard, son être relatif sembla reprendre une vie normale. Il avait appris à voir clair en lui-même ; il put répondre aux questions de ses interlocuteurs d'une manière si bouleversante de vérité, si riche d'une expérience directe, que philosophes et pandits vinrent lui demander d'expliquer les passages obscurs des livres sacrés.

Entouré de ceux qui devinrent ses premiers disciples, il vécut longtemps dans une grotte de la montagne avant que se construisent les bâtiments où je l'avais rencontré au pied de cette même montagne.

Chaque jour je quitte la ville pour me rendre à l'ashram, m'abritant du terrible soleil sous un parapluie noir comme le font les Hindous aisés. Chaque jour je médite, j'écoute les réponses à l'emporte-pièce faites par le sage, ou encore j'éprouve que certains de mes problèmes disparaissent avant d'être formulés, comme s'ils s'étaient résolus d'eux-mêmes. Je fais souvent appel à l'explication de deux disciples hindous sachant bien l'anglais, lorsque je veux comprendre un texte classique, ou encore débrouiller des affirmations qui paraissent contradictoires.

Nous ne pouvons jamais connaître *ce* par quoi nous connaissons. Mais c'est pourtant *cela* qui constitue le seul élément « inchangeant » sur lequel reposent toutes nos changeantes expériences ! C'est *cela* qui nous permet de pressentir en nous-même la plénitude d'une réalité mystérieuse. Si nous craignons d'être tour à tour fascinés et déçus par le monde des sens et des idées, rien ne sert de devenir un ascète qui renonce à tout, grâce à un effort de volonté. Non. Armés de patience, il nous faut au contraire continuer à vivre normalement, mais en cherchant quelle est la nature de ce « je » qui surgit à chaque instant lorsqu'on dit : je pense, j'agis, je ressens, je suis... Cette enquête ne peut pas être qualifiée de démarche égoïste car elle contribue à détruire notre *ego* — cette fausse entité qui nous divise et nous sépare de notre être vrai ; on peut tenter de définir ce dernier par les mots : amour et lumière consciente, illimitée.

En démasquant constamment cette fausse entité, nous parviendrons à nous fixer dans l'être vrai ; l'irréductible division de notre monde entre sujet et objet, disparaîtra ; il n'y aura plus alors que l'unité absolue, tous nos problèmes ayant disparu. La vie continuera apparemment semblable à elle-même, mais la vie relative sera toute transformée par notre connaissance totale. C'est pourquoi le Mahārishi avait pu se comporter tout autrement que son entourage lorsque des malfaiteurs étaient venus l'attaquer : catégories, divisions, oppositions, possessions, n'existaient pas pour lui et il avait la même attitude de vérité pour tout ce qui traversait son chemin. Chacun était bouleversé par sa présence.

Il ne faut pas chercher la paix immuable dont nous avons soif dans le monde relatif qui nous entoure, et qui existe en fonction de deux principes opposés toujours en bataille — vie et mort, nuit et jour, chaud et froid, évolution et involution. Mais cette paix est en nous, dans la partie de nous-même qui dépasse, qui précède l'existence du monde relatif ; cette partie de nous-même existe semblable à elle-même dans les trois états de nos vies : état de veille, de rêve et de sommeil profond.

Je lisais encore beaucoup d'autres choses, mais elles ne m'aidaient pas suffisamment.

Ce qui comptait par-dessus tout c'était le regard du Mahārishi dans ma direction, un regard si noble et si magnifique que l'on se demandait ce qu'il voyait ! Alors, quelque chose craquait dans mon cœur, mes pensées s'arrêtaient presque, et une certitude reconnaissante accompagnée d'une vague d'amour envahissaient ma poitrine. J'étais enfin capable d'aimer sans restriction... d'aimer sans demander rien en retour... d'aimer pour la joie d'aimer.

Ces moments rares et courts faisaient place à des pensées critiques et desséchantes ; mais ils me donnaient de la patience et du courage. Le Mahārishi était connu pour enseigner en silence, la parole n'étant que le plus grossier moyen de communiquer avec nos semblables.

Cependant, en moi-même, nombre de questions restaient sans réponse ; je savais que le Mahārishi ne les prendrait pas toutes en considération et d'ailleurs, en anglais, ses explications n'étaient jamais très longues. Je devenais impatiente.

Au mois de décembre des amis anglais m'invitèrent à assister à une chasse au tigre dans l'État de Bastar voisin du Bengale. Après dix jours passés dans la brousse à vivre en campement, je me rendis à Bénarès, la ville sainte des

Hindous, et je passai un mois chez une disciple anglaise du Mahārishi. Son cottage était au bord du Gange où je me promenais souvent avec la petite chatte grise tigrée qui était devenue ma compagne à Tiruvannāmalai. Nos voyages en troisième classe à travers les Indes étant pleins d'imprévus, j'allais la perdre et la retrouver deux fois.

Revenue dans le sud de l'Inde, je décidai de retourner auprès du sage Atmananda qui habitait le Travancore où j'avais déjà passé deux mois. C'était un homme marié, ayant trois grands enfants sachant parfaitement l'anglais, et il venait de prendre sa retraite.

De même que le Mahārishi, il avait adopté la voie non dualiste de la connaissance et il enseignait une méthode d'enquête psychologique que nous pouvons mettre en pratique au plus fort de notre activité.

Ici les questions sont les bienvenues, elles sont provoquées, car tant qu'elles obstruent l'esprit, notre individualité a de la peine à se transformer, à s'établir dans son vrai centre d'harmonie et de compréhension. Les questions sont comme des ouvrages de défense qu'il faut savoir démolir afin de libérer la réalité depuis toujours latente en nous. En effet, si la réalité était un résultat acquis grâce à une action, elle pourrait également être perdue !

Cette « démolition », ou cette transformation

de nos critiques ou objections, prend plus ou moins de temps suivant les personnes. Ce travail est aussi vaste que la vie, car il englobe l'analyse de notre être physique, mental, affectif et spirituel. Le même principe ultime de conscience illimitée supporte tous ces aspects de notre être ; et seul l'homme rare qui est établi dans cette conscience suprême est capable de nous guider efficacement. Mais ce n'est pas ici l'endroit pour exposer cette méthode plus en détail.

Somme toute, j'étais parvenue à comprendre clairement que pour la plupart des Occidentaux, l'équilibre, l'amour du prochain, la sagesse seront inaccessibles aussi longtemps que la plus importante partie de nous-même restera ignorée ou encore étouffée par nos vies profanes, axées uniquement sur l'obtention d'une sécurité qui ne peut pas exister sur le plan matériel.

Pour la première fois je pus accepter sans révolte, parce que je commençais à la comprendre, l'absurdité de notre monde et l'absurdité des efforts que jusqu'ici j'avais tentés en aveugle pour gagner une harmonie profonde.

Épilogue

Je savais que j'avais enfin trouvé ce qui compte le plus dans la vie. C'était beaucoup. Mais le plus difficile restait à faire.

N'étant pas hindoue mais européenne, il me fallait rentrer auprès des miens, et là, même en vivant le plus modestement possible, j'étais sûre de dépenser dix fois plus qu'aux Indes. Il me fallait donc gagner de l'argent. Et chez nous cela ne se fait pas sans plonger dans la ronde folle de la bataille pour la vie où l'on ne s'appartient plus.

J'allais pouvoir mettre à l'épreuve tout ce que j'avais appris ou même acquis pendant ces années passées auprès de deux grands hommes qui ne se connaissaient pas, mais qui exposaient la vérité de la même manière.

Puisque ma vie n'est pas encore terminée, il ne m'est pas possible d'écrire ici une véritable conclusion. Je peux cependant indiquer ce que je deviens.

Peu après mon retour des Indes, mon frère mourut prématurément et je restai seule avec ma mère, vivant dans un tout petit appartement. Il me fallut immédiatement travailler dans un bureau, ce que je trouvais très fatigant.

Par la suite, une fois de plus je fis des conférences sur mes voyages et je renouai avec mes occupations d'autrefois — ski, hockey, articles à écrire... Apparemment rien n'était changé et je m'intéressais à tout comme par le passé dans l'alternance des plaisirs et des difficultés. Mais une notion, un goût de l'essentiel accompagnaient la plupart de mes instants et les complétaient — tout en les rendant secondaires...

Vais-je pouvoir progresser maintenant que je suis livrée à moi-même ? D'autres êtres vont-ils être intéressés par ce que je sais et serai-je capable de le leur communiquer ? Je ne le sais pas.

Et cela ne me fait rien de ne rien savoir, car je suis presque entièrement libérée de moi-même ; l'égocentrisme agit de moins en moins à mesure que l'on est davantage absorbé par ce que nous avons en nous qui est plus grand que nous-même.

J'ai passé les six mois d'été à deux mille mètres d'altitude dans un village valaisan, inondé de soleil et de silence, au sommet d'une épaule de montagne encadrée de mélèzes. L'horizon vaste et varié est une source de joies toujours renouvelées. Je travaille, j'écris (quoique toujours avec peine), j'ai la compagnie d'une chatte semblable à celle que j'ai perdue aux Indes alors que j'étais allée me promener au Tibet pendant quatre semaines.

« Comment pouvez-vous vous arrêter de voyager ? » me demande-t-on souvent.

Eh bien ! je n'ai aucune difficulté à le faire. Je n'ai pas de désirs. (Mais lorsque j'ai été invitée à faire le tour du Maroc, je n'ai pas dit non, bien sûr...)

Il est possible d'ailleurs qu'après cinq ans passés en Europe je retourne bientôt au Travancore auprès du sage Atmananda, des circonstances extérieures m'ayant conduite à cette décision ; de même d'ailleurs que la récente visite du sage en Europe.

Je crois que je suis détachée de mon sort et j'espère qu'en écrivant ces mots je ne suis pas un mensonge vivant. Quoi qu'il arrive, et l'heure sombre est pleine de menaces, je n'attends rien de l'extérieur. J'ai de la patience. Je possède des points de repère pour suivre le chemin qui mène au centre immuable, à l'Un sans second, qui est le premier et le dernier mot de la vie.

Paris, Noël 1950.

TABLE

Carte 7
CHAPITRE PREMIER : Comment j'ai débuté . 9
CHAPITRE II : *Perlette* 31
CHAPITRE III : Incertitudes et occupations diverses 51
CHAPITRE IV : Moscou 65
CHAPITRE V : Le Caucase 77
CHAPITRE VI : Que faire ? 95
CHAPITRE VII : Kirghizistan 101
CHAPITRE VIII : Seule dans le Turkestan .. 145
CHAPITRE IX : Le ski dans toute sa gloire . 181
CHAPITRE X : Préparatifs 205
CHAPITRE XI : Extrême-Orient 211
CHAPITRE XII : Vers les Indes par voie de terre 227
CHAPITRE XIII : Vers Kaboul 277
CHAPITRE XIV : L'Inde méridionale 299
ÉPILOGUE 311

Petite Bibliothèque Payot

Guy Achard, La communication à Rome/**211**
Alfred Adler, Connaissance de l'homme/**26**
Alfred Adler, Le sens de la vie/**47**
Alfred Adler, Le tempérament nerveux/**84**
Alfred Adler, L'enfant difficile/**122**
Ernest Aeppli, Les rêves et leur interprétation/**64**
Alexandrian, Histoire de la philosophie occulte/**205**
Alexandrian, Histoire de la littérature érotique/**230**
Gérard Apfeldorfer, Je mange, donc je suis/**140**
Jean-Paul Aron, Le mangeur du XIXe siècle/**8**
Paul-Laurent Assoun, Freud et la femme/**219**
Piera Aulagnier, Un interprète en quête de sens/**43**
Pierre Avril, Essais sur les partis politiques/**41**
Michael Balint, Le défaut fondamental/**44**
Blandine Barret-Kriegel, L'État et les esclaves/**4**
Charles Baudouin, L'œuvre de Jung/**133**
Walter Benjamin, Charles Baudelaire/**39**
Eric Berne, Analyse transactionnelle et psychothérapie/**37**
Ernst Bloch, La philosophie de la Renaissance/**201**
Philippe Boulu, La dynamique du cerveau/**124**
François Boureau, Contrôlez votre douleur/**60**
Jean Bourguignon/Charles Houin, Vie d'Arthur Rimbaud/**172**
Régis Boyer, La saga de saint Óláf/**77**
T. Berry Brazelton, Écoutez votre enfant/**74**
T. Berry Brazelton, L'enfant et son médecin/**139**
Jacques Brosse, Mythologie des arbres/**161**
François Burgat, L'islamisme au Maghreb/**241**
Louis-Jean Calvet, Georges Brassens/**129**
Bernard Cathelat, Publicité et société/**83**
Léonce Chaleil, La mémoire du village/**192**
Jean-Pierre Chartier, Introduction à la pensée freudienne/**162**
Jean-Pierre Chartier, Les parents martyrs/**163**
Roger Chartier, Pratiques de la lecture/**167**
Léon Chertok, L'hypnose/**10**
Louis Chevalier, Juanito/**213**

Victor Chklovski, Le voyage de Marco Polo/**127**
Noam Chomsky, Le langage et la pensée/**31**
Commission « Efficacité de l'État » du Xe Plan présidée par
François de Closets, Le pari de la responsabilité/**21**
A. Cohen, Le Talmud/**65**
Peter Collier/David Horowitz, Les Kennedy/**101**
Edward Conze, Le bouddhisme/**223**
Egon C. Corti, Élisabeth d'Autriche/**125**
Jean-Jacques Courtine/Claudine Haroche, Histoire du visage/**185**
Maurice Croiset, La civilisation de la Grèce antique/**206**
Liza C. Dalby, Geisha/**106**
Christian David, L'état amoureux/**36**
Hélène Deutsch, Problèmes de l'adolescence/**67**
Paul Diel, Le symbolisme dans la mythologie grecque/**7**
Paul Diel, Éducation et rééducation/**19**
Paul Diel, Le symbolisme dans la Bible/**20**
Paul Diel, Psychologie de la motivation/**66**
Paul Diel, La divinité/**71**
Paul Diel, La peur et l'angoisse/**78**
Paul Diel/Jeanine Solotareff, Le symbolisme dans l'Évangile de Jean/**200**
Françoise Dolto/J. D. Nasio, L'enfant du miroir/**110**
Albert Einstein, La relativité/**25**
Christine Fauré, Les déclarations des droits de l'homme de 1789/**81**
Sandor Ferenczi, Thalassa/**112**
Marc Ferro, Nicolas II/**62**
Marc Ferro, Comment on raconte l'histoire aux enfants/**82**
Moses I. Finley, Démocratie antique et démocratie moderne/**35**
James G. Frazer, Mythes sur l'origine du feu/**48**
Sigmund Freud
Cinq leçons sur la psychanalyse, *suivi de* Contribution à l'histoire du mouvement psychanalytique/**1**
Sigmund Freud, Totem et tabou/**9**
Sigmund Freud, Psychopathologie de la vie quotidienne/**11**
Sigmund Freud, Essais de psychanalyse/**15**
Sigmund Freud, Introduction à la psychanalyse/**16**
Sigmund Freud/William C. Bullitt
Le Président T. W. Wilson. Portrait psychologique/**27**
Erich Fromm, Le langage oublié/**17**
Erich Fromm, Le cœur de l'homme/**68**
John Kenneth Galbraith, La crise économique de 1929/**3**
Philippe Gillet, Le goût et les mots/**144**

Albert Grenier, Les Gaulois/**202**
Pierre Grimal, L'amour à Rome/**231**
Mirko D. Grmek, Claude Bernard/**69**
Mirko D. Grmek, Histoire du sida/**236**
Béla Grunberger, Le narcissisme/**160**
Jean Guiloineau, Nelson Mandela/**190**
Jean Hatzfeld, Histoire de la Grèce ancienne/**226**
Heinrich H. Houben, Christophe Colomb/**93**
Johan Huizinga, L'automne du Moyen Âge/**6**
Karl Jaspers, Initiation à la méthode philosophique/**174**
Alain Joxe, L'Amérique mercenaire/**232**
Odette Joyeux, Le troisième œil. La vie de Nicéphore Niepce/**165**
Carl Gustav Jung/Charles Kérényi
Introduction à l'essence de la mythologie/**168**
Ernst Jürger, Le boqueteau 125/**240**
Helen A. Keller, Sourde, muette, aveugle/**59**
Paul Kennedy, Naissance et déclin des grandes puissances/**63**
John Maynard Keynes, Essais sur la monnaie et l'économie/**24**
A. Kirkpatrick, Les conquistadores espagnols/**92**
Mélanie Klein/Joan Riviere, L'amour et la haine/**18**
Étienne de La Boétie, Le discours de la servitude volontaire/**134**
Élisabeth Labrousse, La révocation de l'Édit de Nantes/**34**
Étienne Lamazou, L'ours et les brebis/**250**
François Laplantine, L'anthropologie/**227**
Jean-Philippe Lauer, Saqqarah/**107**
T. E. Lawrence, Les sept piliers de la sagesse/**99**
Michel Le Bris, L'homme aux semelles de vent/**95**
Michel Le Bris
Une amitié littéraire : Henry James-Robert L. Stevenson/**177**
Michel Le Bris, Dans le coffre de l'homme mort/**187**
Jean-G. Lemaire, La relaxation/**45**
Sous la direction de **Bernard Lewis,** L'islam/**207**
Anna Lietti, Pour une éducation bilingue/**179**
Konrad Lorenz, Évolution et modification du comportement/**33**
Robert Lowie, Histoire de l'ethnologie classique/**49**
Margaret Mahler, Psychose infantile/**30**
Bronislaw Malinowski
La sexualité et sa répression dans les sociétés primitives/**28**
Jean Markale, La femme celte/**108**
Predrag Matvejevitch, Bréviaire méditerranéen/**251**
Marcel Mauss, Manuel d'ethnographie/**13**

Gérard Mendel, Pour décoloniser l'enfant/**5**
Jack Messy, La personne âgée n'existe pas/**180**
Jacques Meunier, Le monocle de Joseph Conrad/**150**
A. de Mijolla/S. A. Shentoub, Pour une psychanalyse de l'alcoolisme/**40**
Pierre Milza, Voyage en Ritalie/**224**
Marie Moscovici, Il est arrivé quelque chose/**46**
J. D. Nasio, Enseignement de 7 concepts cruciaux de la psychanalyse/**111**
J. D. Nasio, Cinq leçons sur la théorie de Jacques Lacan/**203**
André Neher, L'identité juive/**198**
Willy Pasini, La qualité des sentiments/**243**
Jean Poueigh, Le folklore des pays d'oc/**212**
Paul C. Racamier, Les schizophrènes/**32**
Otto Rank, Le traumatisme de la naissance/**22**
Otto Rank, Don Juan, *suivi de* Le double/**23**
Wilhelm Reich, Écoute, petit homme !/**29**
Claude Revault d'Allonnes, Être, faire, avoir un enfant/**182**
Emmanuel Ringelblum, Chronique du ghetto de Varsovie/**246**
François Rivenc, Introduction à la logique/**14**
Jean-Noël Robert, Les plaisirs à Rome/**197**
Marthe Robert, La révolution psychanalytique. La vie et l'œuvre de Freud/**2**
Jean Ropars, Au pays d'Yvonne/**138**
Jean Ropars, L'amour de la terre/**233**
Marie Rouanet, Les enfants du bagne/**214**
Catherine Salles, Lire à Rome/**196**
Catherine Salles, Les bas-fonds de l'Antiquité/**220**
Pierre Sansot, Cahiers d'enfrance/**191**
Gershom G. Scholem, La Kabbale et sa symbolique/**12**
Albert Schweitzer, Les grands penseurs de l'Inde/**38**
Marcel Scipion, L'homme qui courait après les fleurs/**249**
Idries Shah, La magie orientale/**204**
Marc Sherringham, Introduction à la philosophie esthétique/**123**
Jeanine Solotareff, Le symbolisme dans les rêves/**199**
Jérôme Spycket, Clara Haskil/**76**
Constantin Stanislavski, La formation de l'acteur/**42**
Robert Louis Stevenson, Essais sur l'art de la fiction/**98**
Lytton Strachey, La reine Victoria/**126**
Rabindranath Tagore, La maison et le monde/**61**
Wou Tch'eng-en, Le singe pèlerin/**109**
René Thévenin/Paul Coze
Mœurs et histoire des Indiens d'Amérique du Nord/**94**

Jean-Didier Urbain, L'idiot du voyage/**166**
Alan W. Watts, Le bouddhisme zen/**70**
Arthur Weigall, Alexandre le Grand/**149**
Donald W. Winnicott, L'enfant et sa famille/**50**
Donald W. Winnicott, Fragment d'une analyse/**113**
Marina Yaguello, Les mots et les femmes/**75**

Petite Bibliothèque Payot/Classiques

La vision perspective (1435-1740),
textes choisis et présentés par Philippe Hamou/**238**
Maire de Biran : la vie intérieure,
textes choisis et présentés par Bruce Bégout/**237**

Petite Bibliothèque Payot/Voyageurs

Edward Abbey, Désert solitaire/**228**
John James Audubon, Journal du Missouri/**142**
Nigel Barley, Un anthropologue en déroute/**176**
Sybille Bedford, Visite à Don Otavio/**102**
Alain Blottière, L'oasis/**210**
Jean-Claude Bourlès, Retours à Conques/**242**
Nicolas Bouvier, Chronique japonaise/**53**
Nicolas Bouvier, L'usage du monde/**100**
Nicolas Bouvier, Journal d'Aran et d'autres lieux/**155**
Fawn Brodie, Un diable d'homme (Richard Burton)/**130**
Frank Bullen, La croisière du *Cachalot*/**147**
Richard F. Burton/John Speke, Aux sources du Nil/**58**
Robert Byron, Route d'Oxiane/**137**
Théodore Canot, Confessions d'un négrier/**148**
Jules Crevaux, Le mendiant de l'Eldorado/**135**
Jules Crevaux, En radeau sur l'Orénoque/**193**
Daniel Defoe, Les chemins de fortune/**119**
Daniel Defoe, Le grand rêve flibustier/**120**
Paul Del Perugia, Les derniers rois mages/**154**
Charles M. Doughty, Arabia Deserta/**189**
Gerald Durrell, La forêt ivre/**221**
Patrick Leigh Fermor, Courrier des Andes/**159**
Peter Fleming, Courrier de Tartarie/**79**

Peter Fleming, Un aventurier au Brésil/**152**
Robert Fortune, La route du thé et des fleurs/**181**
Louis Garneray, Corsaire de la République/**56**
Louis Garneray, Le négrier de Zanzibar/**80**
Louis Garneray, Un corsaire au bagne/**86**
Robert Graves, Lawrence et les Arabes/**121**
Graham Greene, Routes sans lois/**87**
William H. Hudson, Sous le vent de la pampa/**184**
William H. Hudson, Un flâneur en Patagonie/**194**
Isabelle Jarry, Théodore Monod/**169**
Mary Kingsley, Une odyssée africaine/**143**
Jacques Lacarrière, Chemin faisant/**97**
Gilles Lapouge, Les pirates/**55**
Laurie Lee, Un beau matin d'été/**208**
Barry Lopez, Le chant de la rivière/**234**
Ella Maillart, La voie cruelle/**51**
Ella Maillart, Des monts célestes aux sables rouges/**72**
Ella Maillart, La vagabonde des mers/**85**
Ella Maillart, Oasis interdites/**175**
Ella Maillart, Croisières et caravanes/**247**
Peter Matthiessen, Deux saisons à l'âge de pierre/**151**
Jacques Meunier/Anne-Marie Savarin, Le chant du Silbaco/**104**
Geoffrey Moorhouse, Au bout de la peur/**188**
Présenté par Jean-Pierre Moreau
Un flibustier français dans la mer des Antilles/**209**
John Muir, Voyages en Alaska/**235**
Eric Newby, Un petit tour dans l'Hindou Kouch/**90**
Tomás O'Crohan, L'homme des îles/**195**
Redmond O'Hanlon, Au cœur de Bornéo/**54**
Redmond O'Hanlon, Help !/**146**
Francis Parkman, La piste de l'Oregon/**153**
Jean-Pierre Péroncel-Hugoz, Villes du Sud/**131**
Jean Rolin, La ligne de front/**96**
Jean Rolin, Journal de Gand aux Aléoutiennes/**244**
Pierre Savorgnan de Brazza, Au cœur de l'Afrique/**183**
Ernest Shackleton, L'odyssée de l'*Endurance*/**128**
Robert Louis Stevenson, La route de Silverado/**57**
Robert Louis Stevenson, Dans les mers du Sud/**248**
Colin Thubron, Les Russes/**52**
Colin Thubron, Derrière la Grande Muraille/**118**

Edward John Trelawney, Mémoires d'un gentilhomme corsaire/**88**
Florence Trystram, Le procès des étoiles/**136**
Mark Twain, La vie sur le Mississippi, I/**91**
Mark Twain, La vic sur lc Mississippi, II/**105**
Mark Twain, À la dure I/**170**
Mark Twain, À la dure II/**171**
Daniel Vaxelaire, Les chasseurs d'épices/**222**
Éric Vibart, Alain Gerbault/**89**
Paul-Émile Victor, L'iglou/**252**
Michel Vieuchange, Smara/**141**
Evelyn Waugh, Bagages enregistrés/**73**
Evelyn Waugh, Hiver africain/**103**
Jacques Yonnet, Rue des Maléfices/**245**
Jan Yoors, Tsiganes/**229**
Gavin Young, C'est encore loin la Chine ?/**164**

Petite Bibliothèque Payot / Échecs

Michel Benoit, Les échecs en trois jours/**215**
Max Euwe/Walter Meiden, Maître contre amateur/**156**
Max Euwe/Walter Meiden, L'amateur devient maître/**216**
Alexandre Koblentz, L'école des échecs, I/**217**
Alexandre Kotov, L'école des échecs, II/**225**
Bent Larsen, Mes 50 meilleures parties d'échecs/**116**
Emanuel Lasker, Le bon sens aux échecs/**178**
Aaron Nimzowitsch, Mon système I/**157**
Aaron Nimzowitsch, Mon système II/**158**
Ludek Pachman, Les ouvertures/**173**
Michael Stean, Les échecs simples/**114**
Siegbert Tarrasch, Traité pratique du jeu d'échecs/**117**
Xavier Tartacover, Tartacover vous parle/**115**

ISBN 2-228-88933-4

IMPRIMERIE B.C.I. À SAINT-AMAND (CHER)
N° D'IMPRESSION : 1/930
DÉPÔT LÉGAL : MAI 1995
Imprimé en France